失敗してわかった。

リーダーが絶対に知っておくべき50のこと

木下 悠
Yu Kinoshita

かんき出版

まえがき

「自分にはリーダーについて書く資格がない」

これは出版のお話をいただいたときに、真っ先に思ったことです。

なぜなら、今回のテーマである「マネジメント」という仕事をしてきた過去を振り返ると、うまくいったことよりも、うまくいかなかったことのほうが圧倒的に多いからです。

コミュニケーションに失敗してメンバーの心が離れてしまった、ひとりで突っ走りすぎて組織を壊しかけてしまった、厳しい言い方をしてメンバーを追い込んでしまったなど、たくさんの失敗をしてきました。

そんな私が本を書くなどおこがましい、私が担当してきた組織のメンバーたちの中には良く思わない人もいるのではないかと考えていました。

しかし、本書の編集者さんに「むしろ、**失敗した経験から学んだこと**を書いて欲しい。

現場のマネジャーの目線でのリアルな考えを伝えたい」と言われてハッとしました。

「そういう本があったら読みたいかもしれない」と思ったのです。

私も、リーダーの役割を任されることになってから、勉強のために本を読み漁りました。ドラッカーの『マネジメント』、カーネギーの『人を動かす』などの古典作品から、マネジメント論、組織論、経験学習論などの学術書、経営者やコンサルタント目線でのノウハウ本など、何かヒントがないかと必死に探したものです。

もちろん、それらの本から学ぶことはたくさんありました。古典として扱われているものに書いてある内容は、時代が変わっても大事なことですし、学術書に書かれている研究で明らかになっていることには、説得力があります。また、経営者やコンサルタントの視座や視点から述べられている内容には、新たな気づきが多くあります。

しかし一方で、現場から離れた客観的な目線で書かれていることもあり、本の内容を自分の仕事に落とし込むまでに「解釈」というワンクッションを挟む必要があります。

なぜなら、シンプルに内容が難しいということもありますが、先を行きすぎていたり、役割範囲外のことも多かったりして、自分事として捉えづらいからです。

だから、その場では、「あー、なるほどー」と思っても、業務に「直接」取り入れられるかどうかは、読み手のスキルに大きく依存するところがあります。


やはり、**最も業務に活かしやすいのは、現場での生の経験からの学び**です。

北海道大学の松尾睦教授も述べている通り、**「経験↓振り返り↓教訓（学び）を引き出す↓応用する」**という経験学習サイクルを回すことが重要なのです。


ただし、1人で経験学習サイクルを回すことに限界はあります。

そこで大事な役割を担うのが、自分よりも職級（役職）が上位の人たちです。彼らは、現場のリーダーが今直面している課題や、これから直面する課題に、先に挑んでいます。

そして、その課題を解決し、成果を出してきています。

彼らのような**自分の「少し」先を歩いている人たちが積んできた経験や、そこから得た学びのほうが、自分事として捉えやすく、業務に直接取り入れやすい**のです。


最初は、「書く資格がない」と思っていた私が、書くことを決めた理由はここにあります。

自分の経験から得た学びを、「現場のリーダーが、できるだけそのまま活用できる形」に噛み砕いてお伝えすることで、皆さんの悩みや不安を解消するヒント、前に進むヒントになるのであれば、自分と同じような状況で悩み・苦しんでいる人たちの役に立つことができると考えました。

だからこそ、**本書は、現場のマネジャー目線で、できるだけリアルな学びを伝えることを意識しています。**ある種、私の内省をまとめた本と言ってもいいかもしれません。

今までの経験、今現在向き合っている問題や課題に対して、うまくいったこと（成功体験）／いかなかったこと（失敗体験）を内省し、自分の中での学びを棚卸ししました。ずっと営業職に就いていたので、営業組織での例が多いですが、どんな役割を担う部署であっても共通するはずです。

もしかすると、私を知っている人は、「偉そうに言っているけど、できていないこともあるよね」「書いているくせにできてないよね」と思うこともあるかもしれません。

私にもその自覚はあります。過去の経験から「こうしたほうがいい」とわかっているのにできないことはたくさんありますし、そのことで悩むことや、新しい壁にぶつかることもたくさんあります。

そんな私が、過去から現在までの経験をきちんと振り返り、教訓（学び）を引き出し、応用するというプロセスで執筆しました。
本書が、現場で必死に戦っているリーダーたちの支えになれたら幸いです。

木下　悠

◎ブックデザイン　菊池 祐（ライラック）
◎カバーイラスト　芦野 公平
◎ＤＴＰ　マーリンクレイン
◎校正　鴎来堂

目次

まえがき……003

第1章 リーダーの姿勢

01 ボロボロだった初のマネジメント体験……018
02 リーダーはかっこ良くなくたっていい……022
03 肩の力を抜いて自然体で……026
04 未来の経営者候補であるという意識を持つ……030
05 リーダーはモヤモヤするのが仕事……034
06 どの組織も抱えているマネジメント人財課題……038
07 これからは、組織・チームで戦わないと勝ち残れない……042

第2章 目標を達成するために

08 戦略策定は、目標達成したときをイメージすることから始める……048
09 目標達成に必要な数式を定義する……052
10 今のリソース(戦力)の中から勝ち筋を見出す……056
11 負けることもある。短期の結果で焦らない……060
12 結束力を高めるために仕事を任せる……064
13 与えられた仕事の意義を明確にする……068
14 1人ひとりが働く目的を共有する……072
15 目の前の仕事の納得感を醸成する……076

第3章

メンバーが力を発揮しやすくなる環境づくり

16 組織(チーム)が大事にしたいことを設定する……082
17 組織のOBゾーンを決める……086
18 「チャレンジ」と「失敗」を奨励する……090
19 メンバー同士の化学反応を起こす……094
20 「組織知」を最大化させる……098
21 遊びを作る、まじめなだけじゃおもしろくない……102
22 相談しやすい環境と雰囲気を作る……106
23 メンバーへの感謝とリスペクトを忘れない……110

第4章 メンバーの「個」を活かし、チームを強くする

24 「個」を活かして組織の戦闘能力を底上げする……116
25 専門性を身につけるために、組織内での役割を分ける……120
26 仕事の「優先順位」と「水準」を明確にする……124
27 やらなくていい仕事は積極的に外す……128
28 リーダーの役割は、メンバーの可能性を引き出すこと……132
29 自走できるメンバーを増やす……136
30 メンバーの個性と伸ばすべき能力を見極める……140
31 会社全体でメンバーの個性を最大限活かす方法を考える……144

第5章 メンバーの成長を促す

32 成長し続けるための学習サイクルを作る……150
33 成功体験・失敗体験を共有する……154
34 メンバーが自分で考えるための「問い」を立てる……158
35 指摘するのは、約束を破ったとき……162
36 メンバーの成長にとってベストな選択肢であり続ける……166
37 メンバーが成長・変化できることを信じる……170
38 コミュニケーションの試行錯誤を続ける……174

第6章 リーダー同士のコミュニケーション

39 管理職は孤独。だからこそ、仲間が大事……180
40 自分だけの力で解決しようとしない……184
41 期待されている役割を全うする……188
42 経営視点を持って小集団活動を……192
43 オフの場での非公式なコミュニケーションが大事……196

第7章 リーダーが成長するために

44 リーダーの力量が組織の限界を決める……202
45 リーダーにとってのアンラーニング……206
46 外部のリーダーから学ぶ……210
47 休むのも仕事。率先して休暇は取る……214
48 マネジャーの中で常に一番でありたいと思う……218
49 メンバーを守るためにリーダーが強くならなければならない……222
50 結局、リーダーやマネジャーだってただの『人』……226
あとがき……230

第1章

リーダーの姿勢

01 ボロボロだった初のマネジメント体験

「リーダーになりたくない」というメンバーは一定数います。

私が過去に接してきたメンバーたちの中にも、「大変そう」「もっと忙しくなりそう」「自分のことで精一杯」など、昇格や昇進に消極的なメンバーも多くいました。

2019年にパーソル総合研究所が実施した『APAC就業実態・成長意欲調査』では、**「あなたは、現在の会社で管理職になりたいと思いますか？」という質問に対して「そう思う」「ややそう思う」と回答した割合は21・4％と、回答14カ国中最下位。** 1位のインド（86・2％）と比べると、わずか4分の1の割合しかいません。

終身雇用、年功序列が当たり前だった時代は、給料を上げるためには昇進するしかなかったため、必然的にマネジメントを目指す人が多かった。しかし、その前提が崩れ、転職や、副業などによる所得アップが当たり前になってきた今の社会においては、必ずしも昇格・昇進を目指さなくてもいいという感覚があるのかもしれません。

かく言う私も、マネジメントをやりたくないと思っていた1人でした。だって、現場のほうが楽しいし、何より、自分には向いていないと思っていたから。

自分のことだけで精一杯なのに、メンバーのことを考えなきゃいけないなんて、自分には無理。だから、いちプレイヤーとして生きていきたいと思っていました。

それもあって、リクルートに入社して7年目の夏に、入社当時から目標としていた全社表彰をいただいたことで、次に目指す場所が見えなくなり、転職を考え始めました。

いろいろ苦労しながらも、リクルートでは成果を出せるようになった。じゃあ、まったく違う商材を扱ったとしても、成果を出せるのか？　リクルートで培った営業力は通用するのか？　異業種でのチャレンジが、プレイヤーとしてもう一段上にあがるいい機会になるのではないか？　という想いから、転職を決意しました。

しかし、入社した初日に知らされたのは、「マネジャーになる前提で採用された」という衝撃の事実（聞いていなかった私も悪いのですが……）。

プレイヤーとしてもう一段レベルアップするぞ！　と思って飛び込んだのに、**「やらざるをえない」状況になった。それが、私のマネジメント経験の始まり**でした。

前職の看板を勝手に背負って、自分でプレッシャーをかけている中で、メンバーも「お手並み拝見」状態。でも、やるからには成果を出したい、成果を出さなければならない、なめられてはいけない、頼られなきゃいけない、と変に身構えて、完全に肩に力が入っていました。

その当時、私が思っていたのは、

・組織として成果を最大化するために、「やり方」を示さなければならない
・リーダーとして、組織を統率しなければならない
・リーダーは、組織の中で最も優秀（能力が高い）でなければならない

ということ（はい、完全に失敗する考え方です）。

文化の違う組織に対して、自分がやってきたことを「正解」とした方針を示した結果、メンバーはやり方を押しつけられたと感じてしまいました。信頼関係もできていないのに、「なぜできない？」「なぜやらない？」と、メンバーが今までやってきたことや大事にしてきたことを無視。メンバーの力量や個性にも目を配らないコミュニケーションをとったのです。気づけばメンバーとの距離ができていました。

それが顕著になったのは、360度サーベイ（リーダーに対してのメンバー評価とリーダーの自己評価を比較し、リーダーの成長を促すための調査）でした。

「自分の成果しか考えていない」「考えを押しつけられるのが嫌だ」「勝手に盛り上がっている」など、厳しい言葉ばかり。さすがにキツかった。すべてがうまくいっているとは思っていなかったけど、成果が出ていないわけではなかったし、課題はたくさんあるけど、大きな認識のズレはないだろうと思っていたら大間違い。

「なんとか成果を出したい」とか、「メンバーに頼られる存在にならなきゃ」という想いは、私が「勝手に」思っていることであって、メンバーが望んでいることではありませんでした。

そのときに私が学んだのは、**「勝手に」自分で作りあげた理想に嵌《は》めようとしてもうまくいかない**ということ。当たり前の話なのに、役割にとらわれすぎて冷静になれなかったのです。

ポイント

自分で勝手に作りあげた理想をメンバーに押しつけてはダメ

02

リーダーはかっこ良くなくたっていい

私の**大きな間違いは、「リーダーは組織の上に立つ人だから、メンバーを導かなければならない」という勘違いをしていたこと。**やったことがないのに、初めての仕事なのに、「完璧にやらなきゃ」と思ってしまっていたことです。

なぜなら、自分が見てきたリーダーやマネジャーが、かっこ良くて頼りになる人たちばかりだったから。自分もそうでなければならない、と幻想を作りあげてしまっていた。

それが間違いだと気づけたのは、メンバーからかけられた次の言葉でした。

「あなたが一生懸命やっているのはみんなわかっている。だから、もっと肩の力を抜いて、俺たちを頼って欲しい」

初めての360度サーベイのあと、「何かを変えなければならない」と感じた私は、自分自身が改善すべきだと感じたことと、改善のための具体的なアクションを共有し、メンバーに意見を求めました。そのときにメンバーから出てきたのが、この一言です。

もう8年前の出来事ですが、この言葉は、今でもよく思い出します。

今思えば、自分自身が「勝手に」置いた期待値を超えられないことに対して、焦りが出ていました。その結果、勝手に設定した期待値と現状とのギャップにもどかしさを感じ、メンバーに対するイライラが、態度や言動に現れてしまっていたのです。

私のように、リーダーやマネジャーという肩書に、過剰に反応してしまう人は少なくないはずです。また、プレッシャーに感じて焦ってしまう人や、ポジションを権力と勘違いしてしまう人もいます。

忘れてはいけないのは、**リーダーやマネジャーは、ただの「役割」**であるということです。

誰が偉いなんてことはない。どっちが上も下もない。ただ、**チームの勝ち方を模索し、勝ち続ける（成果を出し続ける）ために、与えられた人的資本（組織のメンバー）をどう活かすかを考える、**という「役割」を与えられているだけです。

株式会社刀代表取締役CEOの森岡毅氏は、著書『マーケティングとは「組織革命」である』（日経ＢＰ）の中で、「理想とする組織モデルは人体であり、そこから学ぶべき重要なヒントの１つは、各臓器が『上下関係』ではなく『共依存関係』でつながっていること」と述べています。

脳や心臓、肺や大腸など人体の中にある各臓器は、どれが一番重要ということではなく、どれが欠けても生命を維持できないことから、どの臓器も同等に重要であると述べているのです。

書籍の中では、企業における各組織の関係性を示していますが、リーダーやマネジャーとメンバーの関係性においても当てはまります。

メンバーがいるからマネジャーであり、フォロワーがいるからリーダーなんです。メンバーやフォロワーがいなければ、リーダーやマネジャーにはなれません。

そしてメンバーも、リーダーが組織全体を俯瞰して、戦略を立て、方針を示し、評価指標やミッションなどを定めているから、思い切って走ることができる。まさに「共依存関係」でつながっているのです。

大事なのは、**リーダーやマネジャーという「役割」を過大視しない**こと。

自分が一番優秀じゃなくたっていい、かっこ良くなくたっていい、と開き直れるかどうかです。

もちろん、メンバーからは頼られますし、メンバーが解決できないことも解決に導かなければなりません。

しかし、「今の」自分には解決できないのであれば、「今は」できないと割り切って、周りの力を借りればいい。そうやって、できることを1つ1つ増やしていけばいいのです。少なくとも、プレイヤーだった頃は、そうやって成長してきたはずです。

最初から完璧にできる人なんていない。それでも、かけていただいた期待に応えるために、期待を超えるために、毎日試行錯誤をしながら、少しずついろんなことができるようになっていく。それは、プレイヤーでも、リーダーやマネジャーでも同様です。

ポイント

リーダーはただの役割。完璧である必要はない

03

肩の力を抜いて自然体で

リーダーやマネジャーになると、組織を任されるということに対して、どうしても一定のプレッシャーを感じます。特に責任感の強い人であればあるほど、肩に力が入ってしまいます。

しかし、**リーダーが突っ走ってメンバーを置いてきぼりにしてしまうと、組織のコンディションはおかしくなります。**

しかも、成果を出したいという「想い」が強くなりすぎるとなおさらです。自分で全部背負って、自分がやらなきゃ、もっとこうしなきゃという焦りにつながる。そして、焦ると冷静さがなくなり、余裕もなくなってしまうのです。そうなると、メンバーとの熱量のギャップが生まれてしまいます。

エネルギーが高まれば高まるほど、人の神経は過敏になります。細かいことが気になったり、必要以上に介入してしまったりする。でも、自分で答えを出さなくてもいいですし、「自分でやろう」と思いすぎるのも良くありません。

頭に入れておかなければならないのは、「『リーダーやマネジャーが全部できなければならない、知っていなければならない』なんてことはない」ということ。これは、組織異動したときに、私が強く実感したことです。

初めて部長になった組織は、自分がもともといた組織だったこともあり、お客様のことも業界のこともメンバーのことも、自分が一番知っているという状態でした。だからこそ、なんとしても成果を出さねばと思った結果、気合が入りすぎ、空回りして、メンバーに正解を押しつけ、引っ張っているつもりが引きずってしまっていたのです。

そこから異動した組織はまったくの未経験。業界もお客様もメンバーもほとんど初めましての状態でした。自分よりもメンバーのほうがお客様や業界、組織にいるメンバーのことを知っています。だから、気負わずに**「教えてください」のスタンスでスタート**しました。

これがいい方向に作用しました。

力が抜けているからこそ、いい意味で隙があったのか、そのときのメンバーは結構好き勝手言ってくれました。

そういう状態になると、いいことも悪いこともメンバーから報告や相談が勝手に上がってくるようになります。

リーダーやマネジャーは多少頼りないくらいがちょうどいいのです。とくに**組織構築が上手なリーダーは、うまく弱みを見せながら距離感を詰めています。**

むしろ、メンバーからいじられるのが理想で、威厳とか威圧感はもう不要なのです。

漫画『ワンピース』のルフィのセリフで、それをとてもよく表しているものがあります。

「おれは剣術を使えねぇんだコノヤロー!!! 航海術も持ってねェし!!! 料理も作れねェし!! ウソもつけねェ!! おれは助けてもらわねェと生きていけねェ自信がある!!!」

このスタンスがとても素敵。

めちゃくちゃ強いのに弱いところや抜けているところがあるからこそ、人間味を感じます。そして、いざというときには頼りになるし、助けてくれる。それが、ルフィの求心力につながり、みんながついていきたいと思うのです。

同じ組織になると、家族よりも一緒にいる時間が長くなります。であれば、居心地がいいに越したことはありませんし、自然体でいるときが一番力を発揮できます。

マネジャーが完璧であろうとすると、メンバーも完璧にならなきゃと思ってしまいます。そうすると、メンバーは自分に足りない部分にばかり目を向けてしまい、自分ができることに集中できなくなる。そうやって、自己肯定感が低くなっていきます。

メンバーが自然体で自分の個性を活かしてパフォーマンスを発揮するためにも、まずはリーダーやマネジャーが自然体でいること、肩の力を抜くことがとても大事なのです。

ポイント

自分で全部解決できなくてもいい。メンバーと一緒に高みを目指す

04

未来の経営者候補であるという意識を持つ

ところで、そもそもの話ですが、リーダーやマネジャーって一体何なのでしょうか？プレイヤーと同じ「社員」という立場において、プレイヤーと何が異なるのでしょうか？

評価基準や昇格基準は会社によってさまざまですが、組織要請によってポジションを与えられ、組織運営というミッションに立ち向かわないといけないのはみんな同じ。さらには、組織を預かる責任が増えて、プレイヤーのときよりも大きな成果が求められます。しかも、責任や業務量、業務負荷、プレッシャーが増える分、プレイヤーよりもお給料をいただける会社ならいいですが、そうではない会社もある。そして、誰もがなりたいわけでも、誰でもなれるわけでもない、とっても不思議な仕事です。

リーダーやマネジャーとプレイヤーの違いは、前者が「経営に片足を突っ込んでいる立

場」であり、「未来の経営者候補の1人」ということです。それは、自分の城（組織）を守って成果を出すだけではなく、「会社の未来を託せる存在になって欲しい」と期待されているからこそそのポジションなのです。

「功あるものには禄を与えよ。徳あるものには地位を与えよ」とは、西郷隆盛が言ったとされる言葉です。現代風に言い換えれば、「高い業績を上げた人間には報酬を与えなさい。徳のある（正しい心・優れた人格を持った）人間には地位を与えなさい」ということ。

つまり、「業績を上げたからといって、徳のない人間にポジションを与えてはならない」ということを意味します。

経営陣も**いくら能力が高くて業績を上げていても、徳のない人間が権力を持つと、組織が壊れてしまう**ことをわかっています。

だからこそ、リーダーやマネジャーとして任用されたということは、「能力や業績だけではなく、スタンスや人格も含めて評価していただけた」ということを認識しておく必要があります。

しかし、「会社の未来を担う可能性を期待されている」「スタンスや人格も含めて評価されている」と言われても、初めはみんなリーダー1年生。正直、何をどうしていいかわからないことばかりです。

意思決定を求められても、どのような判断基準で決めるのが正解かもわからないし、決めたものをどうやって進めるのが正解かもわからない状態から始まります。

もちろん、リーダー研修が手厚くあるところもありますが、研修で習ったことがそのまま役に立つわけでもないし、研修で教わること以外にも考えなければならないことが山ほどあります。しかも、基本的な業務や考え方を磨くには、現場での経験に勝るものはありません。

要するに、**「リーダーやマネジャーになったんだから、仕事のやり方は自分で試行錯誤しながら見つけなさい」**ということです。

過去、同じ道（リーダー1年生）を通ってきた先人たちも、自分で試行錯誤してきた中で最適解を見つけてきたはずです。

そして、ここからシビアな競争が始まります。

経営陣が目指しているのは、会社の目的の達成です。組織構造、人員配置もすべて手段です。つまり、**「会社の目的を達成するためには、あなたの責任範囲をもっと広くしたほうがいい」という意思決定がなされたということ**です。

ですから、今よりもいい選択肢が生まれれば、そちらを選択するという意思決定がなされるかもしれません。

だからこそ、メンバーの個性を最大限活かして可能性を引き出し、組織の目的や目標の達成を目指す。そして、さらにより高い成果を出すためにはどうすればいいのかを考え続ける。

それらを、より愚直にやり続けられた人間が、より責任のある、よりおもしろい仕事に辿り着くチャンスを得ることができるのです。

ポイント
リーダーは経営陣への登竜門。会社の未来を託されたと自覚する

05

リーダーはモヤモヤするのが仕事

皆さんは、自分がプレイヤーのときの上司（リーダーやマネジャー）に、どんなイメージを持っていたでしょうか。

私にとっての上司は、優秀で、いつも冷静で、そっと手を差し伸べて、アドバイスをくれる頼れる存在でした。当時はすごく苦手だった人もいますが、振り返ってみるといい上司に巡り合ってきたと感じています。

だからこそ、マネジャーになったとき、「自分もそうならなければ」と思っていました。メンバーにとって頼れる存在でなければならない、何があっても冷静に対処しなければならないと。

しかし、ここまで述べてきた通り、実際にマネジャーになってからは、日々壁にぶつかりまくって、うまくいかないことだらけでした。

メンバーの成長を思って言ったことに反発されたり、成長機会として渡したチャンスを拒まれたり、良かれと思って用意したものがまったく使われなかったり。もちろん自分の力不足や、器の小ささからくるものが大半ですが、メンバーとのコミュニケーションがうまくいかず、凹むことばかり。何度も辞めたい、逃げ出したいと思いました。

さらに、意思決定をして進めている施策についても、「本当にこの方法でいいのだろうか？」「このままでいいのか？」という不安に苛まれる毎日。

関わる人も増え、考える範囲も広くなる中で、成果を出したい、期待に応えたい、なんとかしたいと思うからこそ、モヤモヤして気持ち悪い毎日を過ごしていました。

しかし、**「モヤモヤするのがマネジャーの仕事。マネジャーがスッキリしたらダメ」**とリクルートの大先輩に言われてから、その状態を受け入れられるようになっていきました。

リーダーは常に、「事業や組織をどうするか？」という視座で物事を考えているので、全体最適での意思決定をしようとします。しかし、メンバーはどうしても「個人」としての視座で物事を考えがちです。結果として、自分にとって都合のいい個別最適・部分最適の主張になってしまうということが起こります。

ただ、それは見えている世界が違うので仕方ありません。そもそも、育ってきた環境や考え方、価値観の違うメンバーをまとめようとしているので、意見の食い違いが生まれないわけがないのです。

大事なのは、その意見をきちんと受け止めたうえで、組織や事業として目指すべき方向にメンバーを導いていくことです。

今思えば、自分もプレイヤーのときは好き勝手言っていましたし、言うことを聞かないこともありました。きっと、上司は頭を抱えることも、モヤモヤすることもあったと思います（実際、手のかかるメンバーだったと言われます）。

でも、そこに向き合って丁寧に話をしてくださったからこそ、スッキリして全力で走れていたということが、今ならわかります。

まさに、「親の心子知らず」「子を持って知る親の恩」です。

ただし、**リーダーがメンバーからの意見にオロオロしていたら、メンバーは不安になりますし、頼りたいと思えなくなります**。

だからこそ、ドンと構える。モヤモヤしながらも、冷静に振る舞う。優雅に泳いでいる白鳥が、水の中では必死で足を動かしているように、頭をフル回転させながら対応する。その度量や器がなければ、人の上に立つことはできません。

偉そうに言っていますが、私自身も完璧にはできていません。

特に、ルールがない中で組織を作ろうとしているフェーズでは、決まっていないことへの対応に迷ったり、一度決めたルールに不具合が起こって戸惑ったりすることがあります。でも、その都度、自分で考えて判断する、解決する方法を模索する。そうやって場数を踏むことで、意思決定の精度が磨かれていく感覚が得られます。

私たちがプレイヤーのときは、絶対の正解がない中でも、上司がそのときの最適解を考えて意思決定をしてくれていました。そうやって**リーダーから受けた恩は、下の代に送らなければなりません。**そのためにも、「リーダーはモヤモヤするのが仕事」という認識を持ち、メンバーがスッキリして全力で走れる状態を目指すことが求められているのです。

ポイント　**常に葛藤と不安を抱えながらも、どっしり構えて頭をフル回転させる**

06

どの組織も抱えているマネジメント人財課題

リクルートマネジメントソリューションズが発表した『人材マネジメント実態調査2021』の調査結果は、日本が抱えるマネジメント課題をとてもよく表しています。昇進・昇格に関する課題については、「昇進、昇格そのものに魅力を感じない者が増えている」（57・4％）が最も多く、その次が「現管理職のあとに続く人材が枯渇してきている」「管理職全体の質（レベル）が低下してきている」（同率41・8％）となり、いずれも40％を超える回答率になっています。また、人材・組織マネジメントの課題については、「次世代の経営を担う人材が育っていない」「ミドルマネジメント層の負担が過重になっている」が55・2％で同率1位です。

つまり、リーダーになりたくない人が増えているのと同時に、リーダーを担える人材が枯渇、その結果ミドルマネジメント層に負担がかかり、さらにリーダーになりたくない人が増えるという構造です。そして、リーダーの質も低下してきているから、組織に負荷が

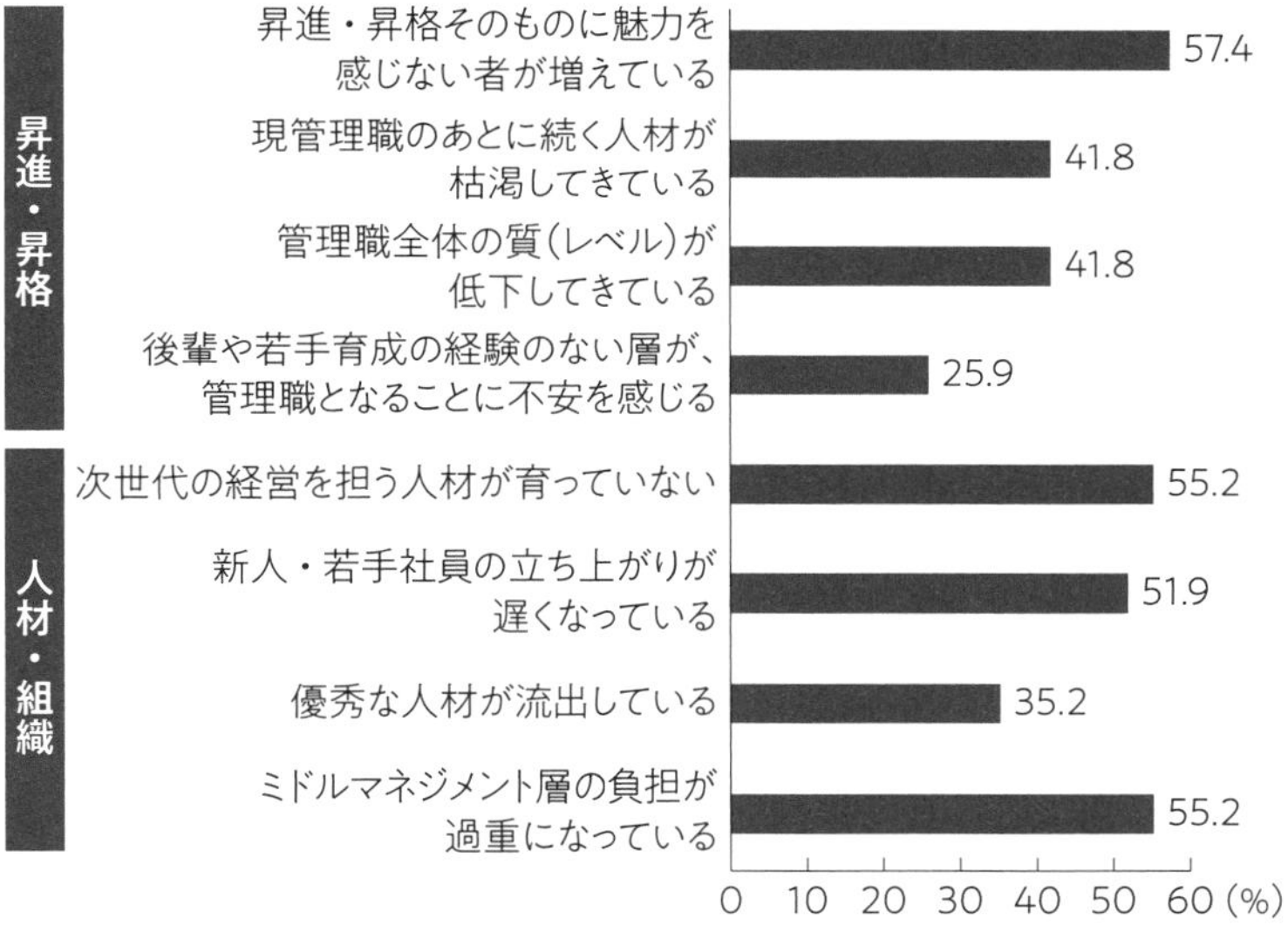

かかっています。

東京大学の中原淳教授が、著書『組織開発の探究』（ダイヤモンド社　中村和彦共著）の中で、**「日本の企業は、未曾有の組織的課題、それも、人材マネジメントの課題に直面しています」**と述べられている理由がよくわかる調査結果です。

私が現在、接している住宅・不動産業界でも、まったく同じことを聞きます。

・店舗展開をしたくても、リーダーの担い手がいないため規模を拡大できない

・離職が多く、人員が減る中での業績維持のためにリーダーがプレイヤー

化してしまう
・リーダーがプレイヤー化した影響で、人員補填をしても育成が行き届かない
・大変そうなリーダーを見て、有望な中間層が他社に活躍の場を求めて離職する

このような問題を抱えています。要するに、**「優秀なミドルマネジャーがいない」**というのが、経営陣の悩みとして多い。若手の育成や、戦略立案・実行能力に長けていて、成果を出し続けることができるリーダーやマネジャーがいないのです。
そこには3つの要因があると考えています。

1つ目は、**「優秀なミドルマネジャーの育て方がわからない」**ということ。今、経営層を担っているような方や組織長として活躍してきた方の多くは、叩きあげで弱肉強食の世界を勝ち上がってきた人たち、誰にも教えられずに自力で考えてやってきた人たちです。だから、それを教えろと言っても無理だし、背中で見せることしかできないのです。

2つ目は、そういう人財がいたとしても、**「他社に流れてしまう（転職してしまう）」**ということ。どこも抱えている悩みは一緒。だから、内部で育てられないなら外から引っ

張っちゃえ！　ということで、優秀な人ほどそういうオファーをもらっていることが多い。だからこそ、働く環境を整えたり、優秀な人が居続けたいと思えるような環境を作ったりすることが大事。昔、誰かが「優秀な人を飽きさせないのが経営の仕事だ」と言っていましたが、まさにその通りだと思うわけです。

最後の3つ目は、**「そんなやつ、おらん」**ということ。育成も戦略立案も実行も成果も……なんて、そんな大谷翔平くんみたいなスーパーな人は、ほとんどいないわけです。加えて、私の体験として述べた通り、リーダーやマネジャーだからといって、「完璧」である必要はありません。1つずつ、着実にできることを増やしていけばいい。

とはいえ、企業が成長し続けるためには、**マネジメント層の育成・拡充は急務**です。リーダーやマネジャーを担う人財とその人財を活かす環境を作る経営陣の双方が、問題意識を強く持って、打ち手を講じていかなければならないのです。

ポイント　**メンバーがリーダーになりたいと思える状態を作る**

07

これからは、組織・チームで戦わないと勝ち残れない

すべての企業が抱えている「組織として成果を最大化する」という命題を解くためには、リーダーやマネジャーが最も重要なポジションになります。そして、外部環境の変化が激しい今の時代、よりその重要性が増しています。

さまざまな分野での技術の進化によって、新たなサービスが生まれ、消費者の価値観や行動はめまぐるしく変化しています。その変化に対応すべく、また新たな技術革新が起こり、新たなサービスが生まれる。そして、さらなる変化を起こすゲームチェンジャーが現れる。このサイクルは、年々短くなっているように感じます。

そのような環境下においても、**企業が勝ち残り、成長し続けるためには、外部環境の変化に適応しながら勝ち筋を見極め、適切な打ち手を取っていくこと**が求められます。

しかし当然、個人の力だけでは、企業が外部環境の変化に適応するのは無理です。なぜ

なら、1人の能力が影響を与えられる範囲には限界があるからです。

これからの時代、**「個人」として成果を出すことだけではなく、「組織やチーム」として成果を出す**ことにこだわらなければ、企業は勝ち残っていけません。ドラゴンボール風に言えば、個人の戦闘能力だけではなく、組織の戦闘能力を上げる。そうしなければ、変わり続ける外部環境に適応できず、荒波に飲まれてしまいます。

リーダーがやるべきは、組織を機能させることによって**個人の戦闘能力を増幅させ、組織の戦闘能力を最大限引き出す／引き上げる**こと。

そして、そのときに求められるのは、**「ヒトと情報を最大限活用すること（戦略立案・実行）」と「メンバーの可能性を最大限引き出すこと（メンバー育成）」**の2つです。

つまり、**「1＋1」を3や4にしていく方法を考える**ことが、リーダーの役割なのです。

「早く行きたければ1人で行け。遠くまで行きたければみんなで行け」というアフリカのことわざがあります。

仕事をしていると、「メンバーに任せるより自分でやったほうが早い」と感じることがありますよね。

メンバーも同様です。相談先や依頼先があるにもかかわらず、依頼する手間や、背景を説明する手間を惜しみ、自分でやってしまう。

確かに「早く」やることを目的にするのであれば、背景情報ややり方を理解している自分がやったほうが確実です。しかし、もしその方法や背景情報に触れたことがないメンバーがいたとしたら、その人の経験する機会を奪っていることにもなります。

大事なのは、自分「でも」できることを、経験が浅い・経験したことがないメンバーや、その仕事が強み・得意であるメンバーに任せること。そして、**自分「にしか」できないことや自分の強み・得意とすることに時間を割く**ことです。そうやって、組織全体のリソースを有効活用することができれば、**1人で行くよりも、遠いところ（大きな成果）に辿り着くことができる**はずです。

ここまで、私のマネジメントの考え方における原体験と、マネジメントの重要性と求められることについて述べてきました。常に念頭に置くべきは、**「組織として成果を最大化するためには（成長し続けるためには）どうしたらいいいか？」**という問いです。

プレイヤーだった頃と、リーダーになってからでは、見える景色や考えなければならないことが大きく異なります。そして、ポジションが上がるにつれて、難易度もどんどん上がっていきます。

偉そうに語っていますが、私もまだまだ未熟です。

そして、嫌だったマネジメント、なりたくなかったリーダーも、今ではとても奥が深く(深すぎますが)、チャレンジングでおもしろいミッションだと感じています。

繰り返しになりますが、誰しも「マネジメント」は初めての体験。できなくて当たり前。プレイヤーだった頃と同様、**壁にぶつかりながら、1つ1つできることを増やしていけばいい、**これを忘れないで欲しいのです。

ポイント
メンバーの力を増幅させて「1+1」を3や4にすることを目指す

第2章

目標を達成するために

08

戦略策定は、目標達成したときをイメージすることから始める

ここからは、**「組織として成果を最大化するためには（成長し続けるためには）どうしたらいいか？」**という問いに対する答えについて、１つずつ整理していきます。

詳しい話に入る前に、企業や組織の在り方について考えてみます。

そもそも、私たちが所属している「企業」とは、一体何なのでしょうか？

デジタル大辞泉（小学館）には、【営利を目的として、継続的に生産・販売・サービスなどの経済活動を営む組織体】とあります。

しかし私は、**企業を【世の中を『今よりも』幸せにするための分業形態の１つ】と定義**しています。人は、１人だけの力で生きていくことは不可能です。たくさんの人が必要な役割や機能の一部を担い、支え合って、社会が成り立っているのです。

だからこそ、企業には、「独自の価値を提供することで、今よりも幸せな人を増やす」と

いう、達成すべき「目的（存在意義・使命）」がある。つまり、創業者が、何を目指して企業を創ったのかという想いが、最上位にあるのです。

そして、その目的の達成水準として、例えば、「3年で業界シェア・ナンバー1を獲得する」「5年で売上10億円を突破する」などの「経営目標」が存在します。

さらには、経営陣の考えとして、「今は戦力が落ちてもいいから、とにかく採用で人を増やす」「既存の開発は止めて、新しいプロダクトの開発にエンジニアのリソースを投下する」など、経営目標の達成に向けた方針を定めて、全社の方針や組織体制に反映させていきます。

それを、各部門の責任者（＝管掌役員）が、自部門の中で最適な人員配置や方針に落として、組織に展開する。

それがさらに細分化されたものが、リーダーが任される組織に降りてきます。

要するに**リーダーは、経営が目指していること、それを達成するために自分たちに求められていること（組織の目的・目標）を深く理解したうえで、やるべきことを決めて、向き合う必要がある**のです。

「既存事業の売上を伸ばす！」と言っているのに、新規事業を考えてもダメだし、「採用は止めて育成と定着で組織力強化だ！」と言っているのに、人員を増やすことを考えてもダメ。そのときそのときで、経営が掲げている目標や方針があり、その方針に沿った戦略を立案し、精度の高い戦術を実行することが、リーダーには求められています。さらには、その**方針や戦略・戦術をメンバーに伝え、実行してもらわなければなりません**。

そう考えると、企業は壮大な伝言ゲームで動いています。組織においてリーダーが重要な役割を担う理由は、ここにあります。

なぜなら、**企業における最小単位の組織を任されているのがリーダーであり、経営が考えていることや自部門の方針をメンバーに伝えていかなければならない**からです。

伝え方を間違えれば、メンバーからの反発もあるかもしれないし、理解し切れていなければ、メンバーからの疑問に答えられないとても難しい仕事です。

このようなとき、私がやっていたのは**「目標達成したときの状態」をメンバーと共有する**ことです。

例えば、「売上1億円（昨対150％）」という売上目標だけを伝えてしまうと、**「誰に」という対象**と、**「どれくらい」という水準**が不明確になり、メンバー個々人でイメージする打ち手がバラバラになって、統制がとりづらくなる。

そうではなくて、「昨年お取引のあったお客様から、今年は1・5倍のご発注をいただく」という**「状態」を共有**できると、「既存のお客様」という対象や、「1・5倍」という水準も明確になります。結果、昨年1件ご発注をいただいたお客様に、今年は2件ご発注をいただくためにはどうしたらいいかを、メンバーが考えるようになります。

もっと具体的に言えば、「昨年は他社に発注していた内容の中から1件を、自社に置き換えていただけている状態」とすれば、**打ち手の方向性まで共有**できます。

このように、経営が掲げている目標や方針をリーダーが深く理解し、メンバーがイメージしやすい「状態」に落として説明することで、組織内でイメージを共有しやすくなるのです。そしてイメージや方向性が揃ったとき、組織は強い力を発揮します。

そのためにも、**経営が考えていることを、自組織のメンバーに合わせて「翻訳」する**重要な役割をリーダーは担っているのです。

ポイント

目標達成したときのイメージを高い解像度でメンバーと共有する

09

目標達成に必要な数式を定義する

目標が達成されたときの状態を設定し、「いざ、やろう！」となったとしても、人や時間、お金や情報などの経営資源には限りがあります。

だからこそ、**目標を達成するために、「どのような道筋で達成するのか」「誰に何をやってもらうのか（誰が何に時間を割くのか）」「どこにどれだけ時間やお金を使うのか」など、経営資源の配分を考えなければいけません**。それが「戦略」であり、具体的な打ち手としての「戦術」へと展開していきます。

前項で述べた、「目標が達成されたときの状態（以下、状態目標）」をイメージするためにも、目標達成のために動かさなくてはいけない要素（≒変数）を見極めます。

まずやるべきは、**「目標の因数分解」**です。

皆さんは、**「自社の売上を因数分解してください」**と言われたら、すーっと書けるでしょうか？　因数分解とは、「売上＝購入者数×購入頻度×単価」のような形で分解していくことです。

目標を構成する要素を因数分解して整理することで、どの要素に力点を置くべきなのか、そのためにはどのようなアクションを起こすべきなのかが見えやすくなります。

ただこれ、私はものすごく苦手でした。昔から感覚派の私は、「なんとなくこの辺！」「きっとこのあたりがポイントになる！」という感じで、仕事を進めていた時期がありました。結果、当たり・ハズレがあって浮き沈みは激しいし、成果の確実性も低い。それでもなんとか感覚でカバーしていました。

大きな転機は、リクルート時代に受けた某戦略コンサルティングファームの研修プログラムでした。研修で出される課題を考えるために、ひたすらロジックツリーと悪戦苦闘の毎日。さまざまな業界の構造を整理し、テーマに合わせてひたすら因数分解を繰り返す訓練のおかげで、苦手意識を克服することができたのです。

因数分解ができるようになるためには、とにかく手を動かしてみること。打ち手のイメージがつくようになるまで、ひたすら試行錯誤を繰り返すこと以外にありません。

その後転職し、マネジャーになって初めて、その重要性と効果を感じました。入社してすぐに、当時の部長から受けたオーダーは、「ここ数年、伸び悩んでいるクライアントの売上が、本当にこれ以上伸びないのか。やり方を変えれば伸ばせる余地があるのかを見極めて欲しい」というものでした。

そこで売上を因数分解し、構成要素の値を時系列で見ていくと、伸び悩んでいる要因が、「発注者が偏っていること」だということがわかりました。そこで、過去の発注経験者に対して、もう一度アプローチすることができれば、発注件数は増やせるはずと考えたのです。

その結果を持って、「まだ伸びます」と部長に報告し、メンバーに対して「顧客接点量にこだわろう」「アプローチ方法を変えてみよう」と方針を示すことができました。

その後、任せていただく組織が大きくなってからも、因数分解をしたうえで、組織の方針や行動指針を決めていました。

このようなやり方をすることで、目標達成に向けて注力すべきポイント（動かすべき要素、モニタリングすべき指標、取るべきアクションなど）と、なぜそこに注力すべきなのかという方針の背景が明確になります。すると、メンバー自身が**どこにリソースを使えばいいのかを明確に理解し、納得感を持って行動に移すことができる**のです。

現在所属している会社では、「1組織、1目的、1青春」というルールを掲げています。何かに夢中になっていた青春時代のように、1つの組織（機能）が、「何に青春を捧げるのか（リソースを集中投下するのか）」を1つに絞ることを大事にしています。

なぜなら、人間そんなに器用じゃないからです。二兎を追う者は一兎をも得ずと言いますが、2つの指標を追っかけても、結局はどっちかが中途半端になる。だったら、**1つの指標に対して、リソースを100%使うほうが、結果的に効率はいい**のです。

あれもこれもと欲張らずに、1つに絞る。他のことには目を瞑ってでも、絞り切る。

そのためにも、自組織の目標を構成する要素を因数分解し、目標を達成するための「青春ポイント」を明確にする必要があるのです。

ポイント

目標を達成するためにチームが注力するポイントを明確にする

10

今のリソース（戦力）の中から勝ち筋を見出す

目標が決まり、目標を達成するための組織の「青春ポイント」も明確になったら、次に考えるべきは、「目標が達成されたときの状態をどのレベルで設定するのか」「目標が達成されたときの状態をどのようなプロセスで実現するのか」という「戦略」の中身です。

そのときに出てくるのが、**「組織能力」**という制約条件です。

当たり前の話ですが、リーダーやマネジャーがいるということは、「担当する組織」があり、「組織に所属しているメンバーがいる」ということです。

そしてほとんどのリーダーやマネジャーが、もともと存在する組織（すでにメンバーが決まっている組織）を担当することになるはずです。

つまり、**リーダーは、「組織のメンバーが持つ能力」を「所与の条件（解決されるべき問題の前提として与えられた条件）」として、成果を最大化することが求められます。**

そのときにリーダーが押さえるべきポイントを考えてみましょう。

「組織は戦略に従う」という言葉を聞いたことがあるでしょうか？

外部環境の変化や経営目標の変化に伴い、戦略も変化します。その戦略を実行するために最適な組織体制を構築すべきという考えです。

これは、米国の経営史学者であったアルフレッド・チャンドラーが言い始めたとされる言葉です。


一方、**「戦略は組織に従う」**という正反対の言葉もあります。

これは、同じく米国の経営学者であったイゴール・アンゾフがチャンドラーのあとに言い始めた言葉です。

外部環境の変化に合わせるために、まずは組織の仕組みや体制が変わる。それによって組織の能力が変わるので、それに伴って最適な戦略も変わっていくというものです。


経営層であれば、経営目標を達成するための戦略を実現するために、最適な組織体制を考える、というチャンドラーの考え方に適応することができます。

しかし私は、**リーダーやマネジャーという立場においては、「戦略は組織に従う」を前提**

にすべきだと考えています。なぜなら、先ほど述べた通り、リーダーは現状のメンバーを「所与の条件」として捉えなければならないからです。

もし、若手社員ばかりの組織を率いるリーダーが、「もっとベテランがいたら……」などと憂えたり、「若手社員だけじゃ成果は出せない」と諦めたら、どうがんばっても成果が出ないことは明白です。また、「1日が48時間あったら」「1週間が8日あれば」など、変えられないことに対してとやかく言っても仕方ありません。

リーダーに求められるのは、できない理由を並べることではなく、現有戦力の中で成果を出すためにはどうしたらいいかと「できるようになる方法」に頭を使うことです。

しかし、プレイヤーとして成果を出してきた自負の強い方ほど、メンバーのアクションの量や質に対して物足りなさを感じ、「もっとこうしたらいいのに」「なんでこれをやらないのだろう」「自分だったらこうするのに」と思うことが多い傾向にあります。

私自身がそうでした。そこそこ成果を出してきた自負があるからこそ、「自分がやってきたことをやればうまくいく」と勘違いしてしまうのです。そして、自分の思い通りにいかないと、イライラしたり、モヤモヤしたり……。

自戒の念も込めて言いますが、そこにエネルギーを割くのはまったくのムダです。
忘れてはならないのは、**「メンバーは自分（と同じことができるわけ）ではない」**という当たり前の大前提であり、リーダーやマネジャーが解くべき命題は、**「組織として成果を最大化するためにはどうするか？」**ということです。

そのためにも、メンバー1人ひとりに目を配り、個性を理解することが大事。そして、どうすればメンバーの能力や時間を最大限有効活用することができるのか、という課題と真剣に向き合わなければなりません。

そして、メンバーとなら、どんな状態を目指すことができるのか、どんなプロセスでその状態を実現することができるのかを、必死で考えるのです。

ポイント
組織能力という制約条件の中で成果を最大化する方法を考える

11

負けることもある。短期の結果で焦らない

元も子もない話かもしれませんが、いろいろと考えたとしても、うまくいくとは限りません。考えられる手を考え尽くして、やり切った結果、うまくいかないこともあります。ただ、短期での結果に一喜一憂しないことが重要です。

もちろん、成果を出すことを求められている以上、うまくいかないことにもどかしさや悔しさを感じるのは当たり前。でもそれが、リーダーやマネジャー、そしてメンバーたちが、やれることをやり尽くした結果なのであれば、その結果を受け入れたうえで、改善策を考えればいいのです。


大事なのは、**中長期に渡って成果を出し続けることです。短期での成果にこだわりすぎて、中長期でうまくいかないのでは意味がありません。**

「短期で顧客数を最大化しようとした結果、手当たり次第にアプローチを行ったため、中長期での見込み顧客まで潰してしまった」とか、「短期で一気に成果を出そうとした結果、

メンバーが疲弊してしまい、初年度は良かったものの2年目以降は成果が出なかった」などというのは、よくある話です。

特に、新しく組織を任された初年度というのは、嫌でも力が入ってしまうものです。力が入ってしまう理由は2つ。**「組織を任された」という『プレッシャー』**と、**「メンバーにいい成果を味わって欲しい」という『責任感』**です。

第1章で述べた通り、私は初めてマネジャーになったときに、絵に描いたような失敗をしました。

なんとか成果を出さなければと思い、最初から全部完璧にやろうとしすぎたのです。段階的に施策を講じていけばいいものを、一気に全部やろうとすれば、その分メンバーに負荷がかかります。**自分は気負いまくっているので、無理してでもがんばるのですが、今までと違うことをいきなりやらされるメンバーからしたらいい迷惑**です。短期では少し成果は上がったものの、長続きはしませんでした。

原因は、組織の身の丈にあった戦略や戦術ではなかったということ。そしてそもそも、与えられた売上目標に対して、目標を達成したときの状態の設定が高すぎました。

そこには、大きな思い違いがありました。それは、**「一度でも負けたら、自分は『無能』だと思われてしまうのではないか？」**という「勝手な」不安です。

責任感の強さと言えば格好がつきますが、そんな個人的な想いはメンバーには関係ありません。でも、当時の私は、「負ける（売上目標を外す）」ということに対しての強烈な恐怖心が前面に出てしまっていました。大いに反省です。

企業で働き、ビジネスをやっている以上、大事なのは「企業が永続的に利益を出し続けること（企業が将来にわたって事業継続していくこと）」です。初年度は利益が出たけれど、2年目以降はずっと赤字という状態は、そこに反しています。

そのためにはリーダーやマネジャーが、**短期での成果に一喜一憂せず、どっしりと構え、「負け（成果が出ないこと）」に対して寛容であること**。もし負けたら、それを糧にして、勝ち続けるためのヒントを得ればいいのです。

野村克也氏が東北楽天ゴールデンイーグルスの監督時代に仰《おっしゃ》っていた**「勝ちに不思議の勝ちあり、負けに不思議の負けなし」**という言葉は、「負け」から学ぶことの重要性を示唆しています。

スポーツの世界は、ビジネスの世界以上に「勝ち／負け」がはっきりわかります。

プロスポーツ選手は1年間のシーズンを戦い抜いて優勝を目指すので、1年毎に明確に勝者が決まるシビアな戦いです。もちろん、1年間を通して勝つこともあれば、負けることもある。ただ、どれだけ負けていても、最終的に1位であればそれでいいのです。

そのときに、1回1回の負けで落ち込んでいては1年間戦い抜けないし、1回勝ったからといって油断していたら、1位になんてなれないわけです。

大事なのは、その1回の負けた試合を冷静に分析し、改善点を洗い出し、次の試合につなげること。そして、**「負け続けないこと」**です。


漫画スラムダンクで、湘北高校に負けた山王工業の堂本監督が、**「『負けたことがある』というのが大きな財産になる」**と言葉を残しているように、**「組織の成長にとって『必要な負け』も存在する」**という認識を持っておくことが重要なのです。

ポイント
失敗を怖がらない。失敗から学びを得ることで次の成功確率を上げる

12 結束力を高めるために仕事を任せる

2023年3月、日本中が熱狂の渦に巻き込まれた第5回WBC。侍ジャパンの勇姿を見守っていた方も多いと思います。世界中からトッププレイヤーが集結し、世界一奪還という目標に向けて全力を出し切っている姿は、とても感動的でした。

そして私は、今回の勝因は**「チームの結束力の強さ」**にあると考えています。しかし、少なくとも2月のキャンプインのときは、**「人が集まっただけ」で、チームではなかった**はず。

ではなぜ、チームの結束力が高まったのか？

「世界一奪還」という目標を共有していたことに加え、1人ひとりの選手がチーム内で自分の役割を探し、その役割に徹したことが大きな要因だと考えられます。

集まった選手たちは、各チームの主力選手で、与えられた明確な役割があります。だから、普段はそこに専念すればいい。でも、周りにすごい選手がたくさんいて、全試合出られるわけではないという状況下で、おそらく各選手が「自分はなぜここにいるんだろう?」「自分には何ができるのだろう?」という役割を探したのだと思います。

そして、選手1人ひとりが、自分の役割を全うしようとした結果、メンバー同士の結束力が生まれる。「あいつもやってるから、俺もがんばろう」「あの人がここまでやるのか」という刺激が生まれる。さらにみんなが役割に徹するようになり、役割を通じてつながりが生まれる。

この積み重ねが、チームの雰囲気を良くしていき、そこに成果が加わったことで、加速度的に「俺ら行けるぞ!」という空気になっていったのだと思います。

ここから学ぶことは、**最初からいい組織（チーム）なんてない**ということです。**全員で共通の目標と高い成果を追い求め、メンバー同士が協業することによって、いい組織（チーム）になっていく**のです。もちろん、リーダーやマネジャーの力量によるところも大きいですが、**組織（チーム）作りの主役はメンバー**であり、**リーダーはその土壌を整えるのが仕事**なのだと痛感しました。

働いてお給料をいただいている以上、我々も全員「プロ」です。プロである以上、成果を求められるのは当然。メンバーにもその意識を持ってもらわなければならない。そのためにも、リーダーが先頭に立って成果にこだわり続けなければなりません。

「いい組織がいい成果を生むのではない、いい成果がいい組織を作る」という、リクルートで上司に教わった大好きな言葉があるのですが、まさにその通りです。

ポイントは、リーダーだけではなく、「自分がこの組織の成果に貢献している」とメンバーが思えていることです。「自分はこの組織に必要だ」「自分が組織を引っ張っている」と、全員がそう思えている組織（チーム）はめちゃくちゃ強いのです。

しかし、企業の組織には、若手もベテランもいて、成果や能力の多寡《たか》もバラバラ。当然、自分で役割を探して徹することができるメンバーばかりではありません。そのために、リーダーやマネジャーが、メンバーに役割を与えることが必要なのです。

例えば、「顧客満足度調査をやる。この結果が、今後の重要な施策を決めることになるから○○さんに任せる」「これからはメルマガで接点を持つことが必要。考えてみて欲しい」など、組織の目標達成に向けて必要な仕事・業務を分解して、任せるのです。

イメージとしては、小学校のときの「係」が近いです。リーダーである担任の先生が、クラスという組織を運営するうえで、「みんなで楽しく学校生活を送る」という目標に必要な役割を設定して、子供たちに任せるのと似ています。

心理学者のエドワード・L・デシとリチャード・M・ライアンが発表した「自己決定理論」では、**「人は生来、能力を発揮したい（有能感）、自分でやりたい（自律性）、人々と関係を持ちたい（関係性）という3つの心理的欲求が備わっている」**と提唱しています。

これらの欲求が満たされると、もっとこうしたい、ああしたいという内発的動機が高まるそうです。そのためにも、役割を渡すことは有効です。

できれば、メンバーを特定して**「あなたに頼む意味」を添えて役割を与えてみましょう。**ちょっとした役割であっても、自分に任された仕事があるだけで、「がんばろう！」と思えるものです。

そうやって、メンバー1人ひとりを組織運営に関わらせることで、結束力や一体感が生まれていく構造を、リーダーやマネジャーが作っていくのです。

ポイント

メンバーに役割を与え、みんなで成果を作っている感覚を生み出す

13 与えられた仕事の意義を明確にする

ここまで、目標を達成するための戦略について考えてきました。しかし、メンバーがついて来てくれなければ組織として十分に機能しませんし、目標達成や成果もありません。**メンバーがいるからこそその組織であり、組織があるからこそのリーダーです。**だからこそ、１人で組織は作れないことを強く認識しておく必要があります。

目標を達成するための戦略は、既存のリソースが維持できる前提で組んでいるはずです。そのときにリーダーにとって最も怖いのは、退職によるメンバーの離脱です。戦略を描いて組織づくりのベースを作り、「よし、やるぞ！」となっていても、投下するリソースがなければ（人がいなければ）絵に描いた餅に終わってしまう。そして、想定よりもリソースが足りない中で、当初の戦略を実行しようとすれば、残ったメンバーにかかる負荷が上がり、さらなる離脱を生むことになりかねません。

だからこそリーダーは、**メンバーが「この組織で働き続けたい」「（納得感を持って）全**

力でがんばりたい」と思える状態を作ることが求められます。

メンバーと組織の結びつき（エンゲージメント）を高め、メンバーに与えられた役割を全力で全うしてもらうために大切なのが、**「与えられた仕事をやるべき意味（行動意義）」を示す**ことと、**「メンバーがこの組織にいる意味（存在意義）」を示す**ことです。

つまり、**「与えられた仕事の意義を『組織』と『個人』の両面で明確にする」**のです。

当然ですが、メンバーには仕事が割り振られます。そのときに、意味もなく渡されるよりも、なぜその仕事をやらなければならないのか、なぜ自分がやらなければならないのかを明確に理解して仕事をするほうが、納得感を持って動くことができます。さらには、「組織にとって」だけではなく、**「自分（メンバー）にとって」この仕事をやる意味がつながると、さらにパワーを発揮してくれます。**

誰しも意味のないことや、目的がよくわからないことはしたくないし、何のためにやっているかを自分で意味づけできないと、やる気は起きづらい。だから当然、やらされ仕事はやりたくないし、その仕事のクオリティが上がるわけはありません。

ただ一方で、人は期待されるとがんばる傾向が強い。誰かに何かを求められ、それをクリアできると自己肯定感（自分の存在を認められる感覚）が高まるからです。

注意すべきなのは、何を期待されているのかが明確にされないと、がんばる方向を見失いがちになるということ。

そうならないためにも、メンバーの特性を踏まえて「何を期待するのか」を設定することで、**「与えられた仕事を自分ががんばる意味（行動意義）」と「この組織にいる意味（存在意義）」を明確にしていく**のです。これが、ミッション設定です。

企業には必ず人事評価制度があります。その評価指標は、組織の目標達成に向けて、「各メンバーに対してどんなミッションを任せるのか」「それをどの水準までやって欲しいのか」という観点で整理されていなければなりません。そのために、担当している組織は、何がマスト要件なのかということを整理することが必要です。もしかすると、リーダーに降りてくる時点で、ある程度マスト要件は定まっているかもしれません。

ただし、メンバーに仕事を任せるときに「これがミッションだから」と杓子定規に落とすのではなく、「メンバーの特性」に合わせて伝えます。**どれくらい・どこまでがんばるのかを握ることで、ミッションに対しての当事者意識を持ってもらいます。**さらには、**そのメンバーだからこそできるミッションを追加で与えていきます。**

　例えば、他部署からの信頼が厚く、部署間のコミュニケーションが得意なメンバーには、「他部署との連携強化」というミッションを渡してみたり、新規開拓のスキルを磨きたいと思っているメンバーには、「拡大余地の大きいマーケット」を任せて、半年後にどれくらい拡大することを目指すのかをすり合わせてみたり。

　そうすることで、自分自身に与えられたミッションを遂行する意味や、組織の中で自分自身に期待されていることや、その仕事を任せられた意味が明確になり、力を発揮しやすくなります。

　ミッション設定は、組織のパフォーマンスを最大化するために重要な役割を担います。だからこそ、設定する内容や設定方法、伝え方によって、メンバーの可能性を引き出すことが求められるのです。

ポイント

期待、役割を明確にして、目標達成へのメンバーの当事者意識を高める

14

1人ひとりが働く目的を共有する

目標を達成するためには、メンバー1人ひとりの「そもそもなぜ働くのか？」に対する答えを確認することが必要です。 なぜなら、「この組織で働きたい」という想いは、「働く」ということ自体を前提にしているからです。

つまり、どんなにがんばろうと思っていたとしても、「働く」ことに対する熱量が低ければ、高いパフォーマンスは発揮できません。なので、メンバー1人ひとりの、「なぜ働くのか？（働く目的）」について理解を深めておく必要があります。

この話を考えるときに、私がよく使うのが、漫画『ワンピース』に登場する「麦わらの一味」の話です。主人公ルフィ率いる「麦わらの一味」は、「ワンピースを手に入れる」という組織の目的達成に向けて、メンバーがそれぞれの個性や特性を活かした役割を担いながら、航海を続けています。

しかし、メンバーの「航海をしている目的」はバラバラです。世界一の剣豪になりたいゾロや、オールブルーを見つけたいサンジ、何でも治せる医者になりたいチョッパーなど。彼らは、仲間に加わる前後にルフィとのコミュニケーションによって、組織の目的（ワンピースを手に入れる）を果たすプロセス（世界中の海の航海）が、個人の目的の達成につながっていることを認識しています。

そして、**リーダーであるルフィは、メンバーそれぞれの目的を背景まで含めて理解し、組織の目的だけでなく個人の目的を達成することも心から望み、支援しています。**それによって、リーダー（ルフィ）や組織（麦わらの一味）、仕事（航海）とメンバーとのつながりが強くなり、「リーダーや組織のために」という想いで力を発揮してくれるのです。

しかし、「なぜ働くの？」という問いに対して、考えたこともないメンバー、うまく言語化できていないメンバー、なりたい姿がうまく描けないメンバーも多い。

また、考えていたとしても「リーダーになりたい」「お金を稼げるようになりたい」など手段が目的になっているケースも多い。

「リーダーになってどうしたいの？」「お金を稼げるようになって何がしたいの？」というその先まで考えられていないと、「今の組織である意味」は見出しづらくなってしまいます。

そのためにも、**リーダーがメンバーとの対話によって働く目的を紐解いていくことが必**

要です。必ずしも、遠い未来である必要はありません。「半年後、1年後にどうなっていたい?」「どんなビジネスパーソンになりたい?」「誰か目指したい人はいる?」など、理想を少しずつイメージできるような問いを投げかけるだけで、メンバーは考え始めます。

ヒントになるのは、**メンバー1人ひとりが持っているモチベーションの源泉**です。今までの人生の中で、どういうときにがんばれたのか、どんなことにパワーを発揮できたのか、なぜこの会社に入ったのか……。

入社という意思決定において、少なからず何らかの未来を描いていたはずです。しかし、日々の業務の中で、目の前の仕事に追われると、目的を見失いがちになり、よくわからなくなってしまう。だからこそ、**リーダーが問いを投げながら、具現化・言語化してあげることが大事**です。

そうやって、**「働く目的」や「なりたい姿」が言語化できたら、メンバーのミッションとのつながりを明示します。**

今この仕事をやることが将来ここにつながる、あなたの目的に合わせて考えるとこの仕事はこういう意味があるなど、クリアした先に何があるのかを示すことで、目の前のミッションに向かう意味がより強くなるのです。そして、その未来を実現できるように支援をしていくことで、組織との結びつきが強くなっていきます。

メンバーが経験を積んでいくと、見える世界が少しずつ広がり、今まで見えなかった魅力的な世界が見えるようになってきます。いい意味で言えば、新しく見えた世界にワクワクして、どんどん力を発揮するようになるという面もあります。

ただ一方で、隣の芝生は青く見えるという言葉通り、他の世界と比べてしまい、「自分はこのままでいいのか？」「もっと違う世界があるのではないか？」と考え始めて、「年収が上がるよ」「もっと大きい仕事を任せてもらえるよ」などという安易な言葉に流されてしまい、他の道に行く選択をしてしまうこともあります。

そうならないためにも、日々メンバーと対話をする中で**働く目的を確認しながら、「今、ここ」でがんばることの意味を常にすり合わせていく**ことが、大事な作業なのです。

ポイント

ミッションの先にある未来とメンバーの理想の未来をすり合わせる

15

目の前の仕事の納得感を醸成する

読者の皆さんの中には、メンバーから「この仕事（≒タスク）に何の意味があるんですか？」と聞かれたときにうまく答えられず、「とりあえず、いいからやって」と言ってしまったことがある方も一定数いるはずです。

これ、ダメですよね。まさに、「やらされ仕事」になってしまう。「やらなきゃ」と思ってやる仕事って本当にストレスだし、生産性がめちゃくちゃ低い。どうせやるなら「やりたい」と思える仕事をやってもらったほうが、パフォーマンスは圧倒的に高くなります。そのためには、**1つ1つの仕事に対して、意味づけをしなければなりません。**

例えば、営業職の場合、「顧客接点（お客様との接点）」が最も重要なアクションです。チームのリーダーが、「とりあえず、お客様のところに行ってきなさい」と言うのと、「お客様を深く理解することが、商談の成功確率を上げるから、とにかくお客様に会って話を聞くことが大事」と言うのでは、メンバーのアクションの内容がまったく異なります。前者であれば、とにかく行けばいいし、極端な話、何もせずに帰ってきてもいいわけです。

一方、後者であれば、「お客様のことを理解する」という目的と、「商談の成功確率を上げる」というアクションによる効果が明確になり、何をすればいいかのイメージが湧きやすくなります。しかも、顧客接点の結果、商談の成功確率が上がらなければ、やり方が違ったという反省材料にもなります。

前提として、**メンバーに仕事の意味づけをするためには、リーダー自身が「なぜそれをやるべきなのか」をきちんと理解しておかなければなりません。**リーダーも上から「やれ」と言われただけで、その意味を理解していなければ、メンバーに対しても「いいからやって」になってしまう。それでは、メンバーがかわいそうです。

そのためにも、経営陣が何を考えているのか、組織として何を求められているのかを理解する。その背景に何があるのかを理解する。これは、リーダーにとって必須事項です。

しかし、リーダー自身が、上が考えていることや、上からの指示に納得がいかないときもあるはずです。

自分としては、Aが大事だと思っていて、メンバーにもAと伝えていた。けど、会社としてBが大事だと言われ、方針が変わる。結果、今までメンバーとコミュニケーションを取ってきた内容から大きく変えなければならない。そんなケースもあります。

このようなケースが起きる理由として考えられるのは、**①視座が経営陣に追いついていない（自分の考えが足りていない）**、**②上司が現場をわかっていない（指示が間違っている）**、**③組織の見えない力が働いた（指示に根拠がない）**かのどれかです。

①のケースは、自分の視座が低いことが要因なので、**自分の足りなさを認めたうえで、メンバーにそのことも含めて話をする。**「ごめん、自分の考えが足りなくて、○○を考慮できていなかった」「上と話したら、△△な気づきがあった。蓋然性《がいぜんせい》が高いから、Bに変えようと思う」などのコミュニケーションを取ります。

②のケースは、現場のことを一番わかっているリーダーが、意思決定が誤っていることを上司に伝えなければなりません。あくまでも、経営の目的を達成するための組織です。そこから外れるのであれば、**「NO」を言うこともリーダーの役割**です。そのうえで、上司と議論して新たな気づきや施策が生まれることもあります。結果として、経営の目的達成に近づく施策になればそれでいいのです。

③のケースは、起きて欲しくありませんが、残念ながらそういうこともあります。**リーダーの影響が及ぶ範囲で変えられないこともたくさんあるでしょう。②のケースと同様に、食い下がったうえで変わらなければ、メンバーにはそのことも含めて伝えます。**「自分にも理解できないが、決定事項として降りてきてしまった。力が及ばなくて申し訳ない」と、背景を伝えてお願いすると、メンバーもわかってくれるはずです。

企業が行う施策は、すべて経営の目的達成に沿ったものでなければなりません。しかしときとして、短期の成果を追い求めてしまった結果、部分最適な意思決定になってしまうこともあります。

そうならないためにも、仕事の目的や背景を常に理解しながら、メンバーとコミュニケーションを取ることが、仕事の納得感を高め、パフォーマンスを最大化することにつながるのです。

ポイント

目の前の仕事の意味をメンバーの腑に落ちるように伝える

第3章

メンバーが力を発揮しやすくなる環境づくり

16

組織（チーム）が大事にしたいことを設定する

組織の目的や目標が明確になると、「何のための」組織なのか、「何を目指す」組織なのかが明確になります。しかし、目的や目標を達成できればどんなやり方をしてもいいわけではありません。

そこで**大事になってくるのが、組織のルール設定**です。つまり、**組織として「何を大事にするのか」というスタンス**です。目的や目標が「どうなりたいか」であるとすれば、スタンスは「どうありたいか」という信念に近い。

例えば、組織で使う**「言葉」もスタンスの1つ**です。

リクルートで叩き込まれた『客』ではなく『お客様』『受注を取る』ではなく、『ご発注をいただく』などの言葉は、「お客様に敬意を払う」「お客様に感謝する」というスタンスを表しています。

自分たちのお給料を払ってくださっているのはお客様であるということを強く認識し、

お客様のために何ができるのかを徹底的に考える、という顧客志向のスタンスが、普段使う言葉に反映されています。

私が今いる会社では、大事にしたいスタンスを、社員へのアンケートやインタビューによって抽出した「社員が思う自社らしさ」に、「経営陣の想い」を乗せ、『5つのナイス』として定めました。目的は、1人ひとりが自分らしく働ける環境を作ること。そして、1人ひとりが最大限のパフォーマンスを発揮できる環境を作ることです。

具体的な内容は割愛しますが、個人ではなくチーム全員でパフォーマンスを最大化することを目指す、お互いがお互いを尊重し合う、前提にとらわれずに対話を大切に意思決定する、バランス感覚を大事にする、肩肘張らずに軽やかに仕事をするなど、**経営陣と社員双方が大事にしたいことを言語化**しています。

ただし、組織のスタンスを決めたとしても、すぐには浸透しませんし、放っておくとすぐに形骸化します。

また、リーダーが勝手に決めても、メンバーの納得感がなければ浸透はしませんし、有効に機能しません。意思決定の判断軸なのに、メンバーの納得感がない、覚えられない、使えるようにならない、としたら意味がありません。だからこそ、**組織のスタンスは、決め方と浸透施策がとっても大事**なのです。

とはいえ、新しいメンバーが入ってきたり、組織が大きくなったりすると、どうしても組織として大事にしていることから外れた考え方や行動をしてしまう人が出てきてしまいます。また、目の前の仕事に追われていると、仕事の目的を見失ってしまったり、目標と異なる方向に進んでしまったりすることもあります。これは、仕方がないことだし、避けられないことです。

そこで、**「目的は何だっけ？」「何を大事にするんだっけ？」とリーダーやマネジャーがメンバーに問いを投げかけてみる**。そうやって、メンバーとの対話の中で考え方をすり合わせていくことも、もちろん必要です。

しかし一方で、リーダーやマネジャーがいつも問いを投げかけなければならない組織や、メンバーが逐一相談しないと動けない組織は、機動力に劣ります。それよりも、メンバー自身が組織としての正しい意思決定ができるようにしておいたほうが絶対に効率がいい。

そのために、**組織のスタンスや考え方が浸透するまでは、常にメンバーが意識できるような仕組みを作ることが必要**です。

過去に私が担当していた組織では、組織の基本スタンスを「知る→攻める→創る」というシンプルなキーワードに落とし、「『お客様を徹底的に理解すること』『積極的に価値提供を仕掛けること』『実現する方法を考え抜くこと』を組織として大事にしよう」というメッセージを、**日々の会話や定例の会議の場で何度も発信し続けていました。**

そうやって、**繰り返し伝えていくことでメッセージが浸透し、次第にメンバー同士が勝手にそのワードを使ってくれるようになります。**

「組織のスタンス」は、リーダー自身やメンバーが迷ったときに、組織の道標《みちしるべ》としての役割を担ってくれます。

組織の目標に向かって、メンバーが全力で走れる環境を作るためにも、何を大事にすべきなのか、何を大事にして目標を達成するのかの共通認識を持つことが必要なのです。

ポイント

メンバーが気持ちよく働くために、基本スタンスを浸透させる

17

組織のOBゾーンを決める

組織（チーム）として何を大事にするのか、大事にしたいのかが決まりました。ただし、ビジネスの現場で起きるすべてのことを、明確に判断できるわけではありませんし、すべての事象に対して、「いい／悪い」の判断をしていくことも不可能です。

だから、「大事にすべきこと」を決めると同時に、**「やっちゃいけないこと」を決める。**

私は、組織として「やっちゃいけないこと」を、ゴルフになぞらえて**「OBゾーン」**と呼んでいます。**メンバーが迷いなく全力で走るために、OBゾーンを決める**ことは有効です。

ゴルフは、クラブとボールを使って、少ない打数でカップに入れること（目標に到達すること）を目指すスポーツです。フェアウェイ（打ちやすい整備されたゾーン）にボールを落としたほうが、ラフ（芝が伸びているゾーン）よりも打ちやすく、打数が少なくなりやすい。とはいえ、ラフに入っても、打ちづらいだけで打つことは可能です。

ただし、OBは違います。OBはプレイができるゾーンから外れているので、そこに

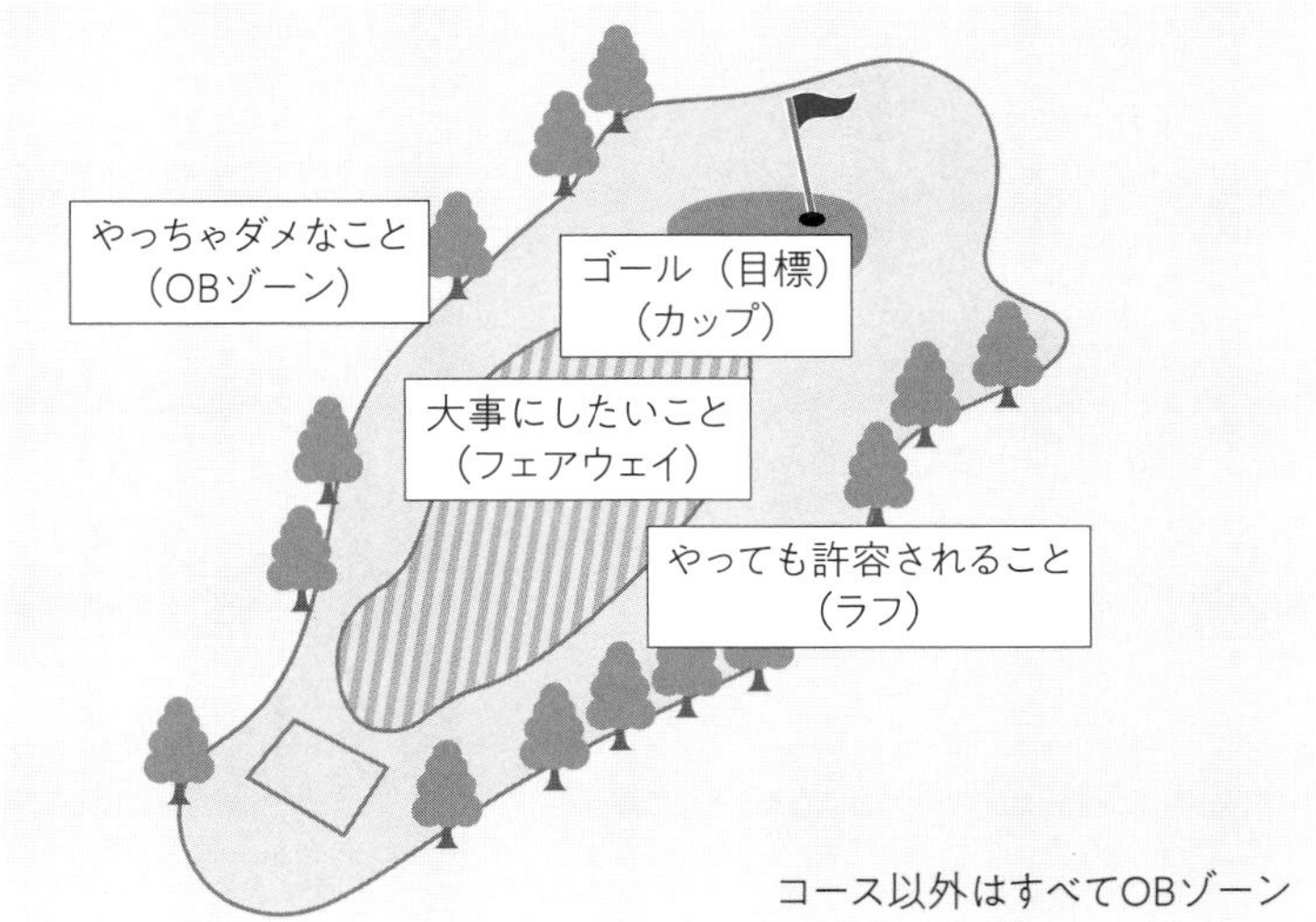

入ってしまうと、ペナルティが与えられます。

つまり、OBにさえボールを打たなければ、挽回のチャンスはあるし、次のショットがうまくいけば、フェアウェイと同じ打数でカップに入れることもできます。**大事なのは、「OBを打たない」ということ**です。

組織においても同様です。**あらかじめOBゾーンを決めておくことで、「何をしてはいけないのか」の共通認識を持つ**ことができます。

例えば、同じ「未達成」という結果であったとしても、「やってみてできなかった」ことは仕方がないけど、「できることとをやらなかった」はダメ。という具合に、**「ここまではいいよ、何も言わない。でも、ここから先は怒るよ」というラインを明示しておきます。**

そして、フェアウェイゾーンとOBゾーンの間（ラフゾーン）に関しては、何も考えずとにかくやってみればいい。止めないし、否定もしない。必要であれば、相談してくれればいい。そういう状況を作ることが、メンバーにとってもリーダー自身にとっても楽です。これにより、組織（チーム）の心理的安全性は高まります。

おもしろいのは、意外とラフの中にいいものが埋まっていたりすること。「ここって打ちづらいと思っていたけど、意外といけるじゃん。ここフェアウェイでもいいかもね！」みたいなことも起こったりします。**メンバーの発想に任せることで、意外な発見ができることもある**のです。

とはいえ、どうしても口を出したくなってしまうこともあるでしょう。でも、そこは我慢です。

特に、自分がプレイヤーとして成果を出してきた組織を率いることになると、自分がやってきたことを良かれと思ってメンバーに伝えてしまうこともある。しかし、**アドバイ**

スとしては必要ですが、やりすぎるとメンバーがリーダーに対して答えを求めるようになってしまいます。これは、私自身の失敗体験です。

「フェアウェイゾーン以外はダメ！」「これはこの通りにやらないとダメ！」となると、がんじがらめになってしまって、メンバーが動きづらくなる。思い切って、「ダメ」なことだけ明確にして任せてしまうのが得策です。

私の場合は、どの組織でも同じ、「嘘をつかない」「法を犯さない」「人に悲しい想いをさせない」「人に迷惑をかけない」、これをOBゾーンとしています。要は、「人として」最低限のことさえ気をつけてくれれば、あとは何をやったっていい。どういうやり方をしたっていいから、目標を達成するための方法を考え抜いて行動しようぜ、ということ。このような感じで、リーダーが肩の力を抜いて、どっしり構えておくことが重要です。

ポイント

「これは絶対にやってはいけない」を明確にする

18

「チャレンジ」と「失敗」を奨励する

ここまでのことが決まったら、あとはやるだけです。しかし、そのときに足かせになるのが、**「失敗したくない」**というメンバーの恐怖心です。

失敗を怖れずにチャレンジできる人がいる一方で、失敗を怖がる人も存在します。なぜなら、「失敗したらダメ」「失敗はマイナス」と思っている大人たちがいるから。そして、その人たちに教育を受けてきた人たちがいるからです。

だから、みんな失敗することを恐れて、チャレンジすること自体を嫌がる。やってもいないのに、「どうせできない」と思ってしまう。これはとても、もったいないことです。

うちの子供が通っている塾の先生と初めて話をしたとき、「小学校低学年のうちは、**問題に立ち向かえるかどうかがとても重要**」と言われました。

難しくても、解けなくても、手を動かす、試行錯誤をする、という習慣を早いうちに身につけておくと、問題の難易度が上がっても、諦めずに立ち向かえるようになるそうです。

実は、高学年から塾に入ったお子さんは、できない問題にぶつかったときに手が止まってしまうことが多いとのこと。なぜなら、学校のテストは結果（合っているか／間違っているか）で見られるからです。過程が合っていても、どんなに惜しくても、答えが間違っていれば点数はもらえません。だから解けないと思ったら挑戦せずにあきらめてしまうのです。

『好奇心を〝天職〟に変える空想教室』（サンクチュアリ出版）の著者である植松努さんが「TED×Sapporo」で話されている動画の中に、とても印象的な一節があります。

「小さい頃は、ボタンがあったら押してみたかったんです。ハンドルがあったら回してみたかったんです。余計なことするんじゃないって怒られるものだったんです。実は、生まれたときから諦め方を知っている人間なんてこの世に1人もいないんです」

この言葉に出会ったとき、ハッとしました。本当にその通りだと思いました。人はみんな、生まれてからずっと、やったことがないことに立ち向かってきたはずです。言葉を覚え、文字を書くことを覚え、四則演算を覚える。毎日毎日、新しいやったことがないことにチャレンジしてきた。そして、社会に出て仕事をするのも同じです。

リーダーにとってはやったことがあること、やってきたことであったとしても、メンバーからしたら初めてのことばかり。挑戦できないメンバーは、失敗して自信をなくした経験から、初めてのことに対しての恐怖が芽生えてしまっているだけです。

でも、初めてなのは誰にとっても同じです。怖がらずにどんどんチャレンジすればいい。どんどん失敗すればいい。この辺りはまた後ほど詳しくお話ししますが、人は失敗から学んできているのです。

転んで起き上がってを繰り返して、転ばずに走れるようになってきた。それを、転ぶから走らせないという親がいたら、いつまで経っても子供は走ることができません。

我々リーダーは、メンバーよりも先にその道を通ってきているだけです。

だからこそ、**リーダーは、メンバーの背中を押し、メンバーが怖がらずに全力で走れる環境を用意する**のです。動画の中で植松さんが仰っているように、「どうせ無理」という言葉は、人の自信と可能性を奪う言葉です。

ただ、どう考えても失敗するやり方や、リスクしかない方法を取ろうとするメンバーもいます。そのときは、手を差し伸べてあげることが必要です。でも、**許容できるリスクで**

あれば、失敗させてみればいい。間違いのない方法や正解を教えて、**失敗を回避させるのではなく、「もっとこうしてみたら？」とアドバイスをしてあげればいい**のです。

チャレンジすることで自信は湧いてきます。だから、「どうやったらできるのだろう」を考えるためのヒントを提示してあげましょう。仕事で失敗したって死にません。だって、失敗はより良くするためのもの。できない理由を探すのではなく、できる方法を考えて、次はできるようになればいい。リーダーは、そのための手助けをするためにいるのです。

失敗させたくない、最短距離で正解に辿り着かせたいという老婆心が邪魔をする瞬間もあります。しかし、**チャレンジと失敗を奨励できる組織風土を作る**ことのほうが、長期的な目線ではメンバーや組織に大きな影響を与えることを理解しておかなければなりません。

ポイント

安心してチャレンジできる、安心して失敗できる環境を作る

19 メンバー同士の化学反応を起こす

ここまで述べた内容を実践し、メンバーが能力を発揮しやすい状態を実現できたとしても、個人の成果を集約したときに、「1＋1」が「2」にしかなっていなければ、成果を最大にできたとは言えません。組織としての成果を最大化するには、メンバーが能力を発揮しやすい状態を作ると同時に、**「組織であること（1人ではないこと）」を最大限活かす**ことが求められます。

そもそも、なぜ組織が存在するのでしょうか？　ドラッカーは、**「組織の目的は人の強みを爆発させること」**と言っています。つまり、メンバー同士の強みをかけ合わせて、より高いパフォーマンスを発揮するために、組織があるのです。

そこで使える考え方が、**「組織における3つの知：①個人知、②集合知、③組織知」**です。イメージとしては左の図のようになりますが、それぞれについて解説していきます。

3つの“知”

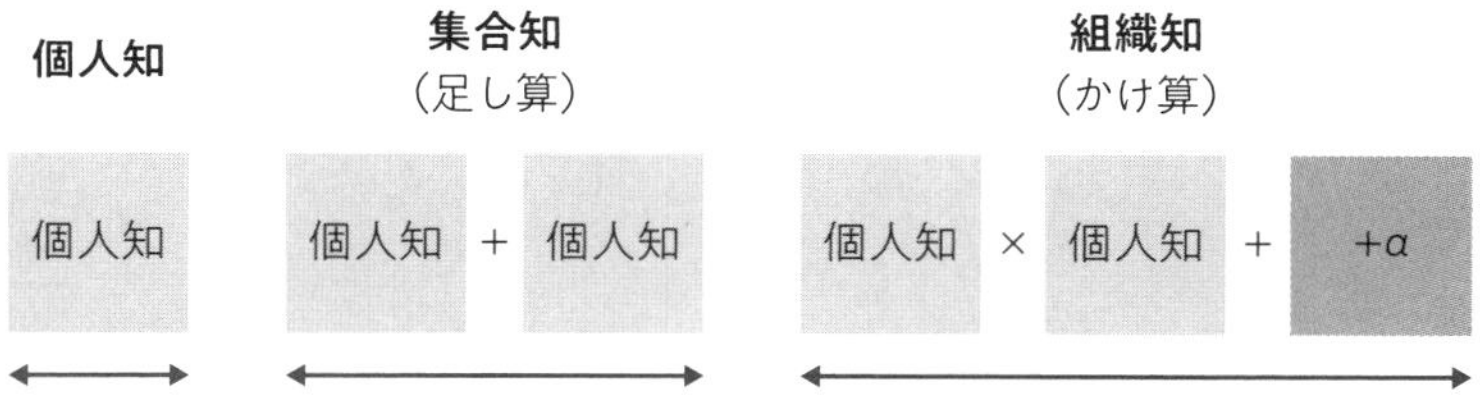

個人の知見がかけ合わさることで、新たに見えてくるものがある

同じ職種であっても、同じ組織にいたとしても、メンバーそれぞれの経験や知見があります。まったく同じ経験をしてきたとしても、個人によって感じることや考えていることは異なります。このようなメンバー1人ひとりがそれぞれに経験から得た知見が、**個人知**です。

ただし、1人が経験できる量や、そこで得られる知見には限界があります。そこで、他のメンバーの知見（個人知）を足し合わせて、メンバーの視野を広げる。それが、**集合知**です。

さらには、メンバー同士が1つのテーマに対して議論すると、それぞれの個人知が刺激になって新たな知見が生まれることがあります。そこで生まれた新たな知見が、**組織知**です。

個人知・集合知・組織知の3つの知を意識することで、

「1＋1」を「3」や「4」にすることができる。これこそが、メンバー同士の化学反応です。メンバー同士が相談し合うことで、組織知が増幅されていけば、組織の戦闘能力は上がりますし、それに伴い、メンバー個人の戦闘能力も磨かれていきます。

しかし、メンバーに仕事を任せると、「誰にも相談せずに仕事を進めた結果、アウトプットの質や納期などが求めていたものに届いていない」というケースが起こることがあります。本当は誰かに相談すれば、アドバイスや新しい気づきをもらえたかもしれないのに、相談せずに進めてしまう。それは、「任されたから1人でやり切らなきゃ！」というメンバーの責任感の現れなのかもしれませんが、**「相談しづらい雰囲気がある」「相談しても意味がないと思っている」可能性**も考えられます。

そうならないためにも、メンバー同士が相談しやすい環境を作っておくことが必要です。会議を設定して、強制的に相談する場を作ることも打ち手の1つですが、**理想はメンバー同士が勝手に相談し合って答えを導き出せている状態**です。

もちろん、リーダーも化学反応に加わらなければなりません。メンバーの知見から気づきを得ることで、リーダー自身も成長できることがあるからです。

リーダー自身が成長し続けなければ、組織は成長しません。組織が成長し続けなければ、市場では勝ち残れません。ビジネスをやっている以上、現状維持でいいなんてことはありえないのです。そして、同じことだけやっていても成長はできません。

組織として未知のことにチャレンジし続けるために、リーダーが率先して組織知を生み出す着火剤となり、より成功確率の高い方法を生み出すことが求められます。

もしかすると、プレイヤー時代に誰にも頼らず、1人で必死に試行錯誤を繰り返して成果を出してきたから、「仕事は1人でやるものだ」という考えを持っている方もいるかもしれません。

そうであったとしても、組織を率いる立場である以上、第1章でも紹介した「早く行きたければ1人で行け。遠くまで行きたければみんなで行け」という言葉を強く意識し、**「この組織（チーム）だからこそ出せる成果」を追い求める**ことが何よりも大切なのです。

ポイント　**メンバー同士の知見をかけ合わせて組織を成長させることを目指す**

20 「組織知」を最大化させる

「組織（チーム）だからこそ出せる成果」をリーダーが追い求めることが、簡単ではないことを示す調査結果があります。

グリーンライト・リサーチ・インスティテュートが、大企業やスタートアップ、ユニコーン企業などを対象に実施した調査結果では、組織に所属するメンバーの81％の人が、「自分たちのチームが潜在能力を十分に発揮しているとはとても言えない」と回答したそうです。

では、組織知を最大化させるためには、何が必要なのでしょうか。私は、2つの側面で組織内の認知を高める必要があると考えています。

1つは、**メンバー全員で、ベースとなる考え方を共有していること（共有認知）**です。共有することとは、今まで述べてきた「組織にとって大事にすべきこと／OBゾーン」に加え、「知っておかなければ業務に支障を来すレベルのもの」や、「『こういうときは、こうする』といった組織の中で当たり前となっているやり方や考え方」などです。これらをメンバー全員が理解することによって、メンバー同士が阿吽《あうん》の呼吸で動けるようになります。何かが起こったときに、次にどうすればいいのか、どのように対処すればいいかを確認することなく、正しく判断・行動することができます。

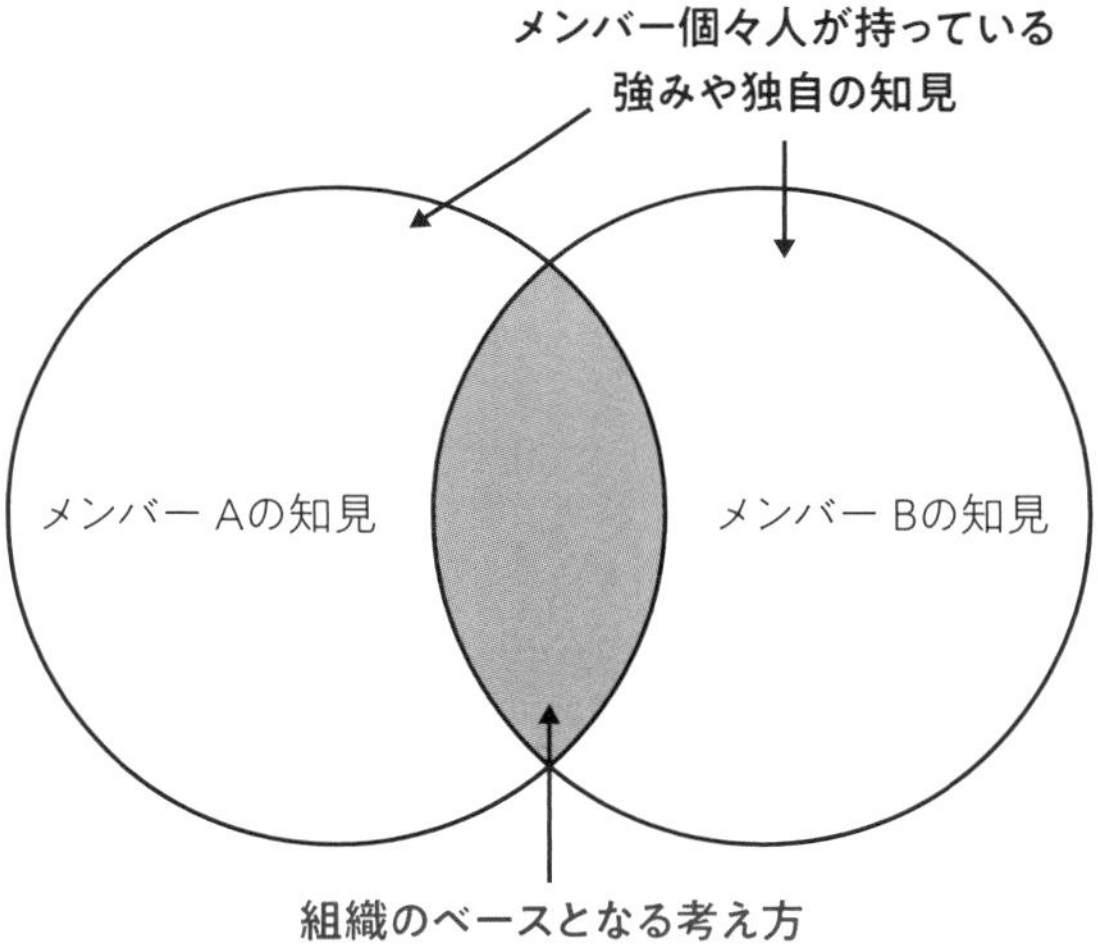

そしてもう1つは、**「他のメンバーが何を知っているのか」を知っておくこと（相互認知）**です。

ベースとなる考え方を共有・理解すると言っても、人の記憶のキャパシティには限界があります。だから、組織のメンバー全員が同じことを覚えようとするのは、効率が悪い。

それよりも、メンバーの誰が何を得意としているのか・どんな知見を持っているのかを知っているほうが、メンバー同士の知見がかけ合わさり、化学反応が起きやすくなります。

前ページの図を見てください。図の重なっている部分が、組織のベースとなる考え方、重なっていない部分が、メンバー個々人の強みや独自の知見です。**重なる部分は大事にしながらも、重なっていない部分を広げていく。**これが大きくなればなるほど、組織のパフォーマンスは高まっていきます。

なぜなら、あるメンバーの不得意な部分を、他のメンバーの強みで補うことができるからです。まさに、組織であることの意味が凝縮されています。

日々の仕事の中での経験や、コミュニケーションの積み重ねによってある程度は共有認知は形成されていきますし、マニュアルなどを作ることによって、定型化することもできます。しかし、「他のメンバーの独自の知見」や「他のメンバーの強み」については、簡単には共有されません。意識して場を作ったり、意識して理解したりしようとしなければ、見えない部分だからです。

そのために大事なのは、**メンバー同士が直接対話する時間を意識的に作る**ことです。メンバー同士が、会議以外での偶発的な会話や仕事中のちょっとした相談を通じて、お互いの知見や強みを少しずつ理解していくことが、相互認知を高める最も効果的なやり方です。

しかし、**メンバーと同じ島で仕事をしていると、メンバー同士の会話に口を出してしまい、直接対話の機会を奪ってしまう**ことがあります。私自身がそうでした。

それではいけないと思い、私は同じ島ではなく離れたところに座ってみました。すると、それだけで、メンバー同士が知恵を出し合って解決している光景を目にすることが増えました。そして、メンバー同士だけではどうしてもわからないことに対しては、助けを求めてくれるようになったのです。

リーダーは、メンバー同士が直接対話をする機会やきっかけを作ることに専念する。そのうえで、メンバーが助けを求めてきたときに示唆を与えたり、つまずきそうなときにそっと手を差し伸べたり、迷っていたら道を指し示したりする。そのくらいが、ちょうどいいのです。

ポイント

「何ができるのか」「何を知っているのか」の相互理解を深める

21

遊びを作る、まじめなだけじゃおもしろくない

リーダーというポジションを与えられると、否が応でもプレッシャーはかかります。当然、プレイヤーのときよりも責任は重くなりますし、評価や査定などのミッションも加わります。

ただ、肩に力が入ってしまったり、1人で背負ってしまうとうまくいきません。初めてリーダーになったときの私がそうだったように、1人で張り切っても空回りして苦しむのがオチです。そして、何より虚しい。

さらには、**メンバーに対して求めすぎてしまうと、メンバーにもプレッシャーがかかります。**プレッシャーのかかる場面で、いつも通りのパフォーマンスを出すのは難しい。だからこそ、**リラックスして楽しめるような仕組みや仕掛けを用意**します。

そのときに念頭に置くべきは、**「遊びを作る」**ということ。くだらないと思われるかもしれませんが、地味に効きます。まじめにやるだけでは、おもしろくない。メンバーが、「肩

に力を入れなくていいんだ」と思ってくれればそれでいいのです。

私が過去に経験・実践してきた、遊びを作る方法をいくつかあげてみます。

1つめは、**ネーミングで遊ぶ**。

私は、会議の名前やプロジェクトの名前をつけるときに、ネーミングにこだわっています。名前を聞くたびに、会議やプロジェクトの目的を思い出させるようにしておくのです。最初は「えっ、ダサくない？」と思ったとしても、徐々に馴染んでくるし、愛着も湧いてくる。これはおすすめです。

2つめは、**組み合わせで遊ぶ**。

普段からずっと同じメンバーで顔を合わせていると、良くも悪くも慣れが出てきて刺激が弱くなります。そのときに、会議の中でペアを作って話をする、ペアを毎回変える、他のチームのメンバーに参加してもらう、などをすると、定例の会議であっても新しい気づきが生まれやすい。自分たちでは当たり前だと思っていたことも、実は他のチームから見たら全然当たり前じゃなかったなど、ハッとすることも多いです。

また、会議の進行をメンバーにやってもらうのも1つの手です。ずっとリーダーやマネジャーが会議を進行していてもおもしろくないので、「今日は、○○さんに司会をやってもらうね」と依頼してみる。すると、指名された人は、やる側の気持ちがよくわかるようになります。「会議の進行って結構大変なんだな」「話を聞いてもらえるのって嬉しいんだな」など、視点が変わることによる気づきを与えることができるのです。

そして3つめは、**ゲーム性で遊ぶ。**

これは、リクルートで学んだやり方です。リクルートでは、四半期ごとに設定される営業部のKPI（重要業績評価指標）を、「キャンペーン」というチーム対抗のイベントで追いかけていました。キャンペーン委員が中心となって、毎週の朝会で寸劇を繰り広げたり、毎月の営業部会議でチームごとの順位を発表したり。キャンペーンがあるからこそ、みんながKPIを意識して、楽しみながら追いかけることができていました。

ここまで、遊びを作る方法をいくつかあげましたが、他にも、みんなでどこかに研修旅行やスポーツ観戦に行く、場所を変えてオフサイトミーティングを実施する、なども考えられます。試行錯誤しながら、皆さんの組織に合う方法を模索してみてください。

大事なのは、日々の仕事がマンネリにならないことです。オン・オフを切り替えたり、緩急をつけたりしながら、常に組織内の空気をかき混ぜてみてください。

毎日同じことを同じやり方で繰り返していると、どうしても空気は淀みます。そうすると、悪い空気が勝手に蔓延したり、新しい発想が生まれにくくなる。いつもと同じ日常が続けば、チャレンジに対して腰が重くなる。そこには、進化や成長はありません。

未知のことにチャレンジし続けたり、常に新しい刺激や新しい発見を取り入れたりしていくことで、組織に活気がでます。 ただしそれを、真面目に愚直にやるだけではなく、楽しんでやることです。

よく勘違いされますが、「ただ楽しいだけの仕事」なんてありません。目の前の仕事を、楽しめるか、楽しめないかしかないのです。そして、目の前で起きた事象を「おもしろい」と思えるかどうか。**まずはリーダーやマネジャー自身が、先頭に立って全力で楽しむのです。** 楽しんで組織運営をしていれば、メンバーは違った日常を感じることができます。メンバーを飽きさせないことも、リーダーやマネジャーにとって大事な仕事です。

ポイント　仕事のやり方に遊びを入れてチーム内の空気にマンネリを作らない

22

相談しやすい環境と雰囲気を作る

ここまでの話に共通して、リーダーに必要なことは**「メンバーとのコミュニケーション」**です。むしろ、仕事の大半はそこだと言っても過言ではありません。

ただ、日々の仕事に向き合い続けていると、目的に向かってがんばっているつもりでも、目的から外れてしまうなど、微妙な認識のズレが生まれてしまう。そして、ちょっとしたズレの積み重ねが、気づけば大きなズレになってしまうこともあります。それをキャッチアップするためには、メンバーとのコミュニケーションを頻度高く取りながら、認識をすり合わせたり、やり方や考え方をチューニングする必要があります。

ただし、リーダーも多くの仕事を抱えています。リーダーにしかできない仕事もある。メンバーのためだけに時間を割くわけにはいきませんし、総じて余裕はないはずです。

だからこそ、こちらから行かなくても、**勝手にキャッチアップできる状態を作ること**が必要。しかも、**会議のようなフォーマルな場ではなく、気軽に相談できる状態が理想**です。

リクルートでは四方山《よもやま》と呼ばれているものがありました。

仕事中に、「○○さん、ちょっといいですか？」とメンバーがリーダーに声をかけて、デスクで話し始めたり、会議室に入って話し始めたりするシーンがたくさんありました。「ちょっといいですか？」と言っておきながら、めちゃくちゃ長い時間話し込んだりもするのですが、そういう機会を作ることで、メンバーからいろんな情報を得ることができます。

メンバーは、成果が出ていないときに、「やっているけど、うまくいかない」「もう少しこうしたいんだけど、何かいいアイデアはないか」「お客様からこんな話を聞いたのだけど、何かできることはないか」などと悩んでいるかもしれません。このような**メンバーが日々の仕事の中で感じていることや、困ったことをタイムリーにキャッチアップすることができれば、最適なタイミングで適切な示唆を提供することができます。**

また、メンバーの心理的なハードルによって成果が出ていないこともあります。

例えば、営業でなかなか足が動かないメンバーは、お客様のところへ行くことに対して何かしらの不安を抱えているのかもしれません。意気込みは良かったのに思うように動けていないメンバーは、自分で設定したハードルの高さに途方に暮れているのかもしれません。

そういった目に見えない感情の変化をキャッチアップし、適切なタイミングで手を差し伸べるためにも、メンバーが気軽に相談できる環境を作ることが重要です。

しかし最も大事なのは、メンバーにとって、**リーダーが「相談しやすい相手・相談したいと思える相手かどうか」**です。常に忙しそうにしていたり、メンバーが会話しようとしたときに冷たくあしらったりしていると、メンバーはどんどん相談しづらくなっていきます。さらには、相談してもたいした内容が返ってこなかったり、逆に指摘されたり怒られたりしていると、相談も報告もしたいと思えなくなります。

まずは話を受け止めること、メンバーに寄り添うこと。話しかけられたときに時間がなければ、「ごめん、○○時なら時間取れるからそこでいい?」「この打ち合わせが終わったら時間が空くから、そこで話をしよう」などと、聞く姿勢があることはきちんと伝えておくことです。

難しいのは、アドバイスを求めているときと、話を聞いて欲しいときがあるということとです。

よく、「男性は答えが欲しい、女性は話を聞いて欲しい」というようなことが言われますが、男性も女性も関係ありません。良かれと思ってアドバイスをしても、メンバーからすれば、「話を聞いて欲しかっただけ」「褒めて欲しかっただけ」ということもあります。メンバーのコンディションを見極めながら、適切なアプローチを意識することが肝要です。

「報告がない」「相談してこない」と嘆く前に、**「自分は声をかけやすい存在なのか？」「自分は相談したい相手なのか？」と自問自答する**こと。リーダーの仕事の大半がメンバーとのコミュニケーションだとすれば、それがうまくいかない状況を作ってしまうのは、仕事がうまくいっていないのと同義です。

忙しいということを言い訳にせず、メンバーに向き合う時間や、声をかけやすい、声をかけたいと思える雰囲気を意図的に作ることが求められるのです。

ポイント　**メンバーの状態を勝手にキャッチアップできる状態を作る**

23

メンバーへの感謝とリスペクトを忘れない

リーダーが担当する組織には、さまざまなメンバーがいます。年齢や性別、入社年次や入社歴などの組み合わせで考えると、バリエーションは多岐に渡ります。だからこそ、1人ひとりの個性を全力で出し切れる環境と、個性と個性がかけ合わさる状態を作ることで、組織の成果を最大化させることを目指さなければなりません。

そのときに**障壁になるのが、リーダーがメンバーに感じる「やりづらさ」です。**リーダーも人間なので、人の得意不得意（≠好き嫌い）はあります。

例えば、意見をストレートに言う人が苦手だったり、テンションがいつも高い人が苦手だったり。その他にも、先輩がメンバーになるケースや、異性がメンバーになるケースなどにも、一定のやりづらさを感じる方がいます。このように**やりづらさを感じるのは、「接し方がわからないからこその怖さ」**が大きな理由の1つだと考えられます。

人間誰しも、「未知のもの」に対して不安を感じるものです。しかし、リーダーの仕事の大半が、メンバーとのコミュニケーションだとすると、「接し方がわからない」というのは、組織運営にとって大きな不安材料になります。

私が初めてマネジャーを任せていただいた組織は、全員自分より社歴が上で、自分より年上もいる組織でした。そんな組織に、他業種から未経験で入ってきて、いきなりマネジャーになるわけです。始めはどう接したらいいかわかりませんでした。下手に出すぎるのも良くないし、偉そうにするのも違う。うまくバランスを取ることができませんでした。

うまくいくようになったのは、メンバーのことを深く理解しようとしてからです。「何に興味があるのか」「どんなときにテンションが上がるのか」「なんで働いているのか」など、メンバーについて興味を持ち、1人ひとりと向き合うことで、コミュニケーションが大きく変わりました。つまり、**「接し方がわからない」のは、相手のことがわからないことが原因だった**のです。

ただし、**信頼関係ができていない中でいろいろ聞きすぎるのは、逆効果になりかねないので聞くこと、聞き方には要注意。**

さらに注意したいのが、**目的は常に、「メンバーがイキイキと働くために」ということ。**メンバーを握ろう、操ろうという考えは簡単に見透かされます。

リーダーやマネジャーは「ただの役割」です。別に偉いわけではない。そこを勘違いしてしまうと、コミュニケーションはおかしくなります。

先日、大手住宅会社の副社長とお会いした際、「副社長なんてニックネームみたいなもんだからさ。別に偉くないんだよ」と仰っていました。その会社は、会長が副社長より年下なのですが、「『仕事が終わったら人生の先輩だ』って、飲みに行くと会長が僕に敬語を使うんだよ。これが公私を分けるってことなんだよ」と教えてくださいました。

副社長の言葉はまさに、リーダーが「ただの役割」であるということを表しています。

要するに、**個人の成果を追い求める役割を担っているのがメンバーで、組織の成果を最大化する役割を担っているのがリーダー**。ただそれだけなのです。

組織全員が同じことをやっていても成果は最大化しません。メンバー1人ひとりの強みをかけ合わせて、支え合って成果を生み出していくものです。そして、1人では目的を達成できないから、みんなで仕事をしているし、メンバーはリーダーができないことをミッションとして担ってくれています。そこに対する**「感謝」の気持ちを忘れてはいけません**。

私がリーダーになりたての頃、元上司と飲んでいたときに、私が「メンバーに○○をやらせないといけないのに、うまくいかないんです」という発言をした際に言われたことがあります。

「『やらせる』という意識がまず間違い。『やってもらっている』んだろ？　そこを勘違いしているうちは、うまくいかないよ」

これはかなりズシンときた一言でした。自分にできないこともあるからこそ、誰かが助けてくれる。その**相手に常に敬意を払う。**当たり前のことですが、メンバーへの感謝に加えて、これも本当に大切です。

組織運営において、新卒も中途も、男性も女性も、年上も年下も関係ありません。全員が、組織の目的を達成するための仲間であり、助け合っていかなければなりません。だからこそ、メンバーに対する感謝とリスペクト（敬意）を忘れないこと、メンバーに向き合い1人ひとりを深く理解することが、組織の成果の最大化にとって重要なのです。

ポイント　**メンバーへの感謝と敬意、理解しようとする姿勢を忘れない**

第4章

メンバーの「個」を活かし、チームを強くする

24

「個」を活かして組織の戦闘能力を底上げする

リーダーは、組織としての成果を最大化し、高い成果を出し続け、経営から与えられた目標を達成しなければなりません。

そのために必要なこととして、第2章では「現有戦力での勝ち筋を見極めること」、第3章では「メンバーが力を発揮しやすくなる環境づくり」について述べてきました。

これだけでも、一定の成果は出るようになるはずですが、さらに**リーダーに求められるのは、成果を出し続けること**です。そして、**常に過去の自分たちの成果を超えること。**

そのためには、組織自体も成長し続けなければなりません。

もちろん、今まで述べてきた通り、メンバー1人ひとりの個人知を最大限に活用して、メンバー同士の化学反応が大きくなれば、組織知はどんどん大きくなっていきます。そして、メンバー個々人の戦闘能力が上がれば（メンバーの知見が広がれば）、考えられる戦略や戦術のバリエーションも広がり、より高い成果を出しやすくなります。

そのために考えるべきは、「個を活かした組織づくり」です。**1人ひとりが持つ専門性や特性を最大限引き出し、活かすことで、組織として出せる能力を最大化する**ことを考える。メンバー1人ひとりの専門分野が確立している組織はとても強いのです。


組織づくりの話になるとスポーツが例に出されることが多いですが、私はいつも「野球型組織」を意識しています。

野球は、ポジション（守備位置）が明確に決まっていて、それぞれのポジションに最適な特性が異なります。打順に関しても、1番から9番に優劣はなく、攻撃力が最大化するように、選手の特性に合わせた打順が考えられています。

つまり、足が速い、パワーがある、小技がうまい、肩が強いなど、選手それぞれが持つ特性がどうやったら活きるのか、どう組み合わせたらチームの戦闘能力が最大化するのかを考え抜くのが、リーダーである監督の仕事です。


営業組織で言えば、コミュニケーション能力を武器にお客様の悩みを丁寧に聞くのが得意な人、アイデアを武器にさまざまな提案を生み出すのが得意な人、フットワークの軽さを武器にとにかくお客様から情報を集めてくるのが得意な人など、1人ひとりが持つさまざまな特性をどのように活かせば最も成果につながりやすいのかを考える、といったことです。

さらには、各メンバーの特性をうまく他のメンバーにも移植することができれば、その分、組織の戦闘能力は高まります。

資料作成が得意な人に汎用的な資料を作ってもらったり、集めてきたお客様情報をストックしてみんなで活用できるようにするなど、**個人が持つ特性をみんなで共有する方法を考え抜くことが、「個を活かした組織」につながっていきます**。

また、「性格」も特性の1つです。感情が表に出やすいタイプなのか、出にくいタイプなのか。意見を主張するタイプなのか、意見を聞くタイプなのか。このように、人それぞれタイプが異なります。その特性を理解するために、ソーシャルスタイル理論や、MBTI診断（16Personalities）などの性格診断を活用することも有効です。

とくに営業は、お客様との相性で成果が大きく変わる職種です。実際に、今まで全然売上のなかったクライアントが、営業担当が変わったことで大きく伸びたり、反対に担当を変えた瞬間に売上が落ちたりすることも珍しくありません。

営業担当を変えるわけにはいかないときは、「組み合わせ」で工夫することが有効です。タイプの違う営業をペアで同席させることによって、お互いの特性を補完し合うことができます。そうやって、違うタイプの営業スタイルを間近で見ることで、お客様のタイプに合わせた対応の勘所が見えてきます。

もちろん、組織のメンバー全員の、すべての能力を均質化するのは不可能です。ただし、個々人の特性を引き出し、組織内で汎用化することによって、個々人の戦闘能力のベースが上がり、それに伴い組織が成長していくのです。

ポイント

メンバー1人ひとりの特性を有効活用し、組織のベースアップを図る

25 専門性を身につけるために、組織内での役割を分ける

メンバー独自の知見を活かして組織知を最大化するために、**組織内での役割を分ける**ことで専門性が身につく環境を作ることも有効です。

例えば、営業担当をクライアントの企業規模や領域などで分けてみる、インサイドセールスとフィールドセールスなどの機能で分けてみる、などがあげられます。

要するに、**組織の目的を達成するための最適なフォーメーションを組む**ということです。

まずは、**担当している組織にとって、どのような役割が必要なのかを設定する**ことから始めます。なぜなら、ただ闇雲に分解してもコミュニケーションコストが増えるだけで非効率ですし、メンバー1人ひとりの業務がうまくかけ合わされないのであれば、分ける意味がないからです。

そのために、組織の注力すべきポイントをさらに分解し、どのような役割分担にすれば組織の目的達成に効果的なのかを整理することが必要です。

私が今いる会社では、営業組織を「自社プロダクトの導入社数を増やす営業」と、「導入企業の満足度を上げるサクセス」という大きく2つの役割（組織機能）に分けています。

もともとは導入社数も少なかったため、1人の営業が新規導入の商談や受注後の手続き、導入開始後のフォローまですべて担っていました。しかし、導入社数と窓口数が増えるにつれて、目が行き届かないお客様が増えて、今までほとんどなかった解約になる企業が出てきてしまったのです。

「現在の組織体制は、目的を果たすための最適なフォーメーションではないのではないか？」という仮説が生まれたのはそのタイミングでした。

この会社における営業組織の目的は、「自社プロダクトの価値を、1人でも多くの住宅・不動産会社の営業に届けること」です。そのために、「価値を届ける」対象を、「未導入の企業」と「導入済の企業」の2つに分類し、担当する機能を分けたのが今の形です。

また、私がかつて在籍した会社でも、「売上最大化のために必要な広告掲載の提案をする営業」と「発注をいただいた内容で効果を最大化するサポートスタッフ」の2名体制でクライアントを担当したり、「新規のリサーチ案件を生み出す営業」と「リサーチ案件を納品まで導くスタッフ」の2つの機能に分けたりしていました。このように営業という職種1つを取っても、企業によって分け方はさまざまです。

常に念頭に置かないといけないのは、**組織のフォーメーションは、あくまで組織の目的を達成するための「手段」**であるということです。フォーメーションを決める際には、組織として大事にすることから外れてはいけません。

そして、その**役割によって、メンバーの強みが磨かれる環境が提供できるか**ということも、とても大事な視点です。

昔に比べて、労働時間に関する制限が厳しくなっている環境において、メンバーが仕事にかけられる時間は短くなりました。

私が若い頃は、まだまだ時間でカバーできる時代でした。だから、どれだけプロセスが多かったとしても、1つ1つに時間をかけることができましたし、それによって経験を積むこともできました。

でも、今は時間をかけて経験を積むことは難しくなっています。だからこそ、**やることを絞り、集中的に経験を積ませる。**

そうすることで、メンバーの専門性を短期間で磨くことができます。そして、**組織（チーム）内で専門性が明確になれば、メンバー同士の対話も生まれやすくなります。**役割を分ける大きなメリットはここにあります。

また、役割を分けると**「やらないこと」を決められる、というメリットもあります。**人は、「やらなきゃいけないのに、できていないこと」があるとストレスを感じてしまうものです。だからこそ、「ここはやらなくていいよ」と言ってあげるだけで、心理的なストレスが軽減され、「やるべきこと」に集中できるようになります。

メンバーが専門性を発揮して能力を出し切れる環境を作り、メンバー同士の化学反応を生むためにも、組織のフォーメーションを考えることは有効な手段です。

ポイント
組織の目的を達成するための最適なフォーメーションを考える

26

仕事の「優先順位」と「水準」を明確にする

すべてのビジネスパーソンは、限られたリソースの中で、成果を出すことが求められます。組織を持つリーダーやマネジャーにはメンバーの人数や能力値というリソースが加わりますが、基本的に最も有限で誰にとっても、最も不足するリソースが「時間」です。

1日8時間、月間160時間という限られた時間を「何に」「どれくらい」使うのかを判断し、成果につながるアクションを効果的に実行していかなければなりません。

組織としてやるべき重点テーマをさらに業務（≒タスク）レベルまで落とし込むと、やりたいこと、やるべきことはたくさん出てきます。

そのときに、大事になるのが「仕事の優先順位づけ」です。しかし、日々の業務に忙殺され、目の前の仕事を片づけようと必死になると、優先順位がわからなくなったり、余計な仕事が増えたりすることが往々にして起こります。

傍から見るとすごく忙しそうにしていて、「おー、がんばってるなー」と思っていても、

「成果は？」と聞くとイマイチというケースも起こります。お客様から突発的な依頼があって対応しなければならない、トラブルが発生して緊急対応が必要になっている、誰かから頼まれた関係ない業務が発生している……。気づけば、本来やるべき仕事が終わっていないということも多いはずです。

そうならないために必要なのが、仕事の交通整理です。

メンバーが今やっている業務にはどんなものがあるのか、どんな業務で忙しいのか、何に時間がかかっているのか、などを客観的な目線で判断できるリーダーが整理します。そのうえで、**「求められている成果のために有効な業務」に手をつけられているのかを確認**します。

いろいろ仕事はあるものの、どれから手をつけたらいいのか、どこまでどの程度やる必要があるのかは、メンバーだけでは意外と判断できないものです。メンバーが「好きな仕事を無限にやっている」「細かいところまでこだわりすぎている」などが要因で、やるべきだけどやりたくないことが後回しになることもあります。

そうならないためにも、**メンバーが抱えている仕事を洗い出したうえで、仕事の優先順**

位と、求める水準（アウトプットのクオリティ）を明確にし、仕事の進め方を握ります。

資料作成を依頼したときに、「作り込まなくていいから、アウトラインだけできたら、方向性をすり合わせよう」という話をしておけば、ムダに作り込んでくることもなくなります。反対に、任せた仕事に対して足が動かない、手が動かないのであれば、「とりあえず、ここまでやってみな！」とステップを細かく刻んで、**1人でできるレベルまで細分化したうえで、背中を押してみる。**

このように、リーダーがメンバーの仕事の交通整理をしたうえで、「ここまででいいよ」「こっちから先に手をつけたら？」などと示唆を与えることができれば、メンバーが正しいことに正しくリソースを活用できるようになります。

ただ一方で、成果を出そうと思うあまり、**リーダー自身があれもこれもと要望してしまうと、メンバーは優先順位や求められる水準がわからなくなってしまう**こともあります。「リーダーに言われたし、これは優先順位が高いのかな……」と思ってしまうと、やるべき仕事が疎かになることも。

さらに、「がんばります！」「やります！」というメンバーの声に安心していると、知らぬ間に不満を溜めていたり、無理をしてストレスを抱えていたりして、メンタル不調や退職につながりかねません。

ですから、**仕事を任せるときは、「緊急度」と「重要度」をセットで丁寧に伝えておきます。**「○○の意思決定をするために、この情報が必要だから今週中に確認して欲しい」「急がないんだけど、□□が気になっているから、手が空いたときに確認してみて。できれば今月中に」など、優先順位を考えられるようにすることが重要です。

最近は労働時間や有休取得などの労務管理が非常に厳しくなっています。だからこそ、限られた時間の使い方をより筋肉質にして、効果的に仕事を進めてもらわなければなりません。

まずは成果に必要な業務とその優先順位をリーダーが理解したうえで、1on1や日々のコミュニケーションを通して、仕事の進め方を相談しながら、全力で走れる状態を作りましょう。

ポイント　**どの仕事に、どれぐらい力を入れて欲しいかを明確にする**

27

やらなくていい仕事は積極的に外す

仕事の交通整理によって、メンバーに任せる業務の優先順位と水準を決めると同時に、「やらなくていい仕事を外す」ことも考える必要があります。

メンバーそれぞれに仕事を受けられるキャパシティ（以下キャパ）は異なります。さらに、ビジネスは長距離走です。中長期に渡って成果を出し続けてもらわなければいけないのに、キャパオーバーが続くと息切れしてしまいます。だからこそ、メンバーのキャパを見極めたうえで、**「今は」やらなくていい仕事を外したり、求める水準のラインを下げる**ことも大事です。

特に、「自分が若い頃はこれくらいの仕事量はやれていたし、これくらいできるでしょ」のような考え方は、危険。リーダーが若い頃とは時代背景や環境が異なりますし、**仕事に対する考え方やモチベーション、キャパや作業スピードも異なるので、良かれと思って渡したものが、結果的に苦しめてしまうこともあります。**

さらに、メンバーの成長のためには、現在の力量よりも少しストレッチした仕事を渡したほうがいいことは間違いないものの、本人が苦しそうであれば、『今は』やらなくていいよ」ということを伝えることも大事です。なぜなら、メンバーが自分から、「無理です」とは言いづらいから。

私も過去、ここでたくさん失敗してきました。メンバーの力量とキャパを見誤った結果、メンバーが折れてしまったこともあります。

いくらメンバーの成長のためであっても、折れたら意味がないし、一度折れると立ち直るのは難しい。そうならないためにも、やらなくていい仕事を削る。**業務量と業務負荷をメンバーに合わせて適正化し、注力すべき仕事に専念してもらえる環境を作る**必要があります。

ただし、メンバーからすると、「外された」という感じ方にもなりかねません。そこで、**「今後できるようになるために、まずはこっちに集中しよう」という背景の説明や、今後の期待へのメッセージを添えることを忘れない**ようにします。

メンバーが集中すべき仕事は、組織の目標達成のために定めた重点テーマに直結するも

のです。メンバーが今抱えている仕事を洗い出す中で、やるべき仕事の阻害要素になっているものは、究極全部削るべきです。

とはいえ、そこまで極端にしてしまうと、本来はやらなくていいのに、やむをえずやっているものもあるので、不具合が生じることもあります（例：営業担当がシステム関連の細かい問い合わせ対応に追われて、顧客接点に注力できていないが、なくしてしまうと問い合わせ対応をする人がいなくなるなど）。

しかし、ここがチャンスです。なぜなら、組織の目標を達成するために設定した**『重点テーマ』に全力を注げる組織体制や業務構造になっていない**ことに気づけるからです。

そのときに、「理想状態に近づけるためには何が必要？」という問いが生まれます。

メンバーにもこの問いを投げかけてみる。すると、いろいろと意見が出てくるはずです。ただし、「それは進め方の問題でしょ？」「それは言い訳だよね？」のような、仕事の進め方やスタンスの問題も出てくるでしょう。

そこで、**「やれない理由」ではなくて、「やれる方法」を考えます**。一部の仕事をアウトソースする、ツールを導入して負荷を軽減する。そもそも論として、組織体制を変更するのも1つです。

組織の成果を最大化するために、メンバーのキャパを最大限有効活用し、重点テーマに注力できる方法を考える。これは、ドラッカーの以下の言葉と同様です。

「知識労働の生産性の向上のために最初に行うことは、行うべき仕事の内容を明らかにし、その仕事に集中し、その他のことはすべて、あるいは少なくとも可能な限りなくしてしまうことである」

もしかすると、一番大事なのは、**「リーダーが過去の成功体験を捨てること」**かもしれません。「自分はこれをやってきた」「これをやるのは当たり前」という感覚を一度疑ってみてください。大事にしてきたからこそ、削れずにいることもある。そしてそれが、最も削らなければならない仕事である可能性も否定できないのです。

ポイント

先入観にとらわれず重点テーマに注力できる方法を考える

28 リーダーの役割は、メンバーの可能性を引き出すこと

組織の成果を最大化するために、メンバーがイキイキと働ける組織風土を作り、個を活かして、メンバーが全力を出し切れる状態を作ることについて、ここまで述べてきました。

しかし、目指すのは成果の〝最大化〟です。

そのためには、**「メンバーの戦闘能力を最大化する」**ことが求められます。なぜなら、メンバーの戦闘能力が上がれば、取れる戦略の幅も広がりますし、やれることも変わってくるからです。だから、人材育成はとっても大事なのです。

人の能力の限界を「コップ」、パフォーマンスを「水」にたとえてみましょう。

個人を活かすというのは、コップの容量いっぱいに水を入れること。現時点で出せるパフォーマンスを最大限発揮するということです。

一方、人材育成は、コップの容量を増やしたり、コップの材質の強度を上げるなど、コップ自体が持つ**可能性を広げる**ということです。

「人材育成」という言葉を使ってはいますが、メンバーを「育てる」なんて、実はおこがましい。だって、**メンバーは「育てる」ものではなく、「育つ」もの**だからです。

植物もそうです。人間がいなくても勝手に育つ。ただ、育成に適した環境を提供し、最適な養分を与えることで、立派な実をつけたり、幹が太くなったり、成長が早くなったりする。それがリーダーの役割です。

とはいえ、メンバーがもともと持っていない能力を発揮することは難しい。魚は、速く泳げるようになることはできても、速く走れるようにはなりません。

だからこそ、**メンバーが潜在能力（ポテンシャル）として持っている可能性を引き出すことが大事**。できないと思っていても実はできた、苦手意識を持っていたけど実は得意だったなどもそうです。

見えているものを全部出せるようにするのが「個を活かす」ことだとすれば、**本当は持っているのに発揮できていない可能性を引き出すのが「育成」**です。そして、メンバーが可能性を開花させられるかどうかは、リーダーの肩に大きくかかっています。

もちろん、与えられた環境を活かせるメンバーとそうでないメンバーがいます。しかしリーダーは、その環境を活かすサポートを行い、メンバーの可能性を引き出すことを目指さなければなりません。

野村克也氏（以下、敬意を持ってノムさんと書かせていただきます）が大事にしていた言葉に、**「財を遺すは下、仕事を遺すは中、人を遺すを上とする」**という後藤新平氏の名言があります。

「財産を築いたり、いい仕事をする以上に、人を育てることは難しい。だからこそ、そこに価値があると考えていた」と何かの記事で読んだことがあります。

野村再生工場や野村マジックと言われていたように、ノムさんは、**その人が持っている才能や可能性を最大限引き出すとともに、優れた部分や強い部分をさらに引き上げる、気づいていなかった能力を活かす**ことに長けていたように思います。

繰り返しになりますが、人は結局、もともと兼ね備えている能力以上のものは出せません。もしかすると成長とは、本当は持っているのに発揮できていない能力を引き出したり活かしたりすることが、うまくなっていく過程のことを言うのかもしれません。

組織の成果を最大化するためには、メンバーが持っている能力を全力で出せる環境を用意すると同時に、メンバーの可能性を引き出すことが求められています。

そうやって、メンバーの戦闘能力が上がり、組織の戦闘能力が上がれば、組織としてもっと高みを目指すことができます。そして、高みを目指すことができるようになると、メンバーはもっとがんばろう、もっといい成果を出そうと思ってくれるはずです。

それを信じて、メンバー1人ひとりの可能性を引き出すことをサポートし続けていくことが、リーダーにとって大事な仕事なのです。

ポイント

メンバーの潜在能力を見出して組織の戦闘能力の最大化を目指す

29

自走できるメンバーを増やす

組織の成果を最大化するためには、**リーダーが何にどれくらい時間を使っているかが、とても重要なポイント**になります。

まず、日々の時間の中で、**「現場の実務に使っている時間（プレイング）」と「戦略立案や組織づくりに使っている時間（マネジメント）」のどちらが多いか**を考えてみてください。

次に、自組織のメンバーの中で、**「自分で考えて仕事を進められる（自走できる）メンバー」と「細かい指示やアドバイスをしないと仕事を進められない（自走できないメンバー）」のどちらが多いか**を考えてみてください。

おそらく、思うように成果が出ずに悩んでいるリーダーや、忙しくて余裕がないリーダーに多いのは、『自分が現場に出ていることが多い（プレイング比重が高い）』×『自走できないメンバーが組織内に多い』パターンなのではないでしょうか？

再三述べてきている通り、組織は成果を出し続けなければなりませんし、成長し続けな

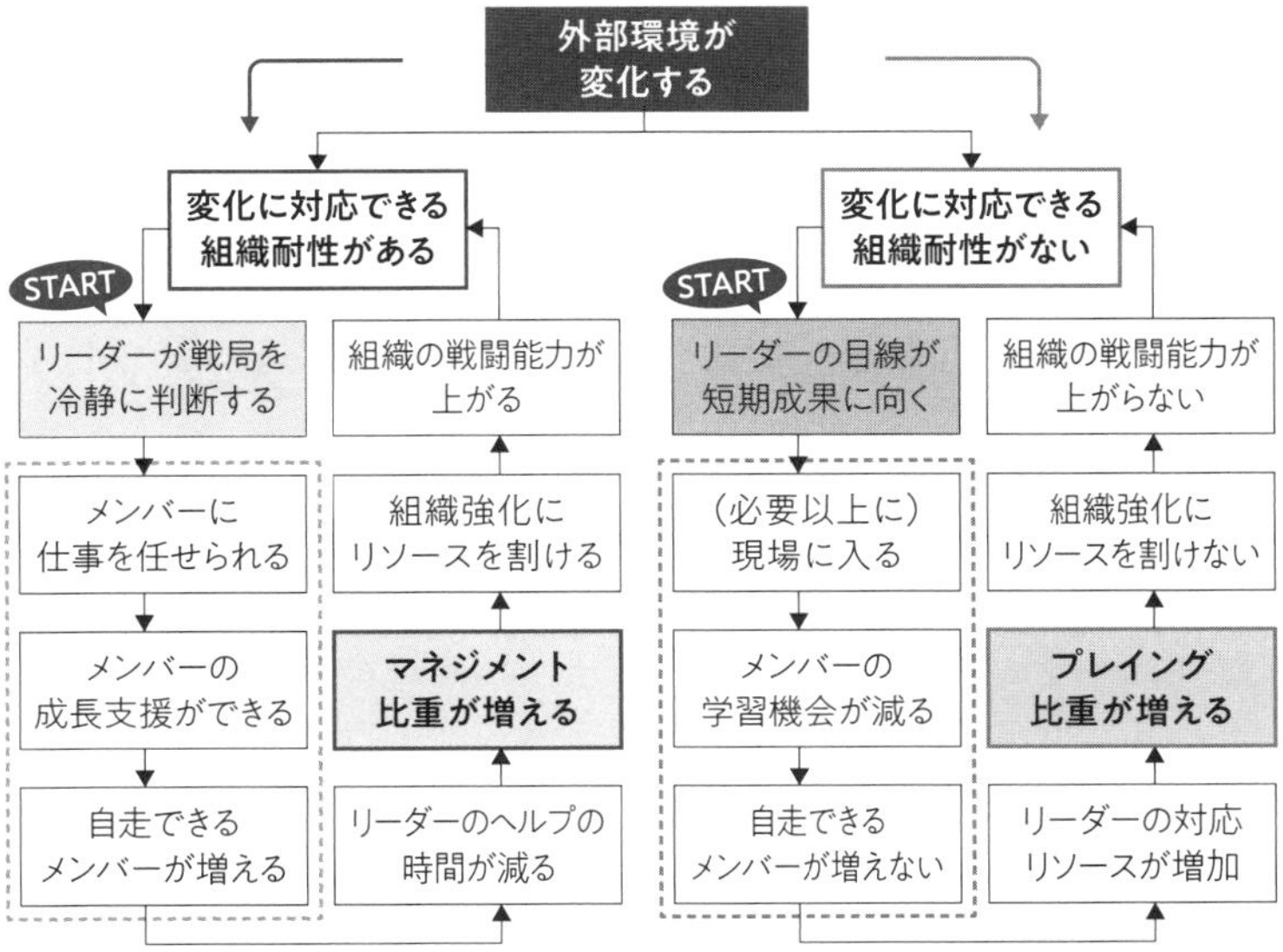

ければなりません。そのためには、市場環境や外部環境が変化したとしても、そこに対応できる組織耐性を身につけておくことが必要です。

しかし、上の図の右側のように、**リーダーの目線が短期成果に向きすぎてしまうと、必要以上に現場に介入してしまい、メンバーの学習機会が減ります。**それによって、自走できるメンバーが増えず、結局自分が現場に入り続けなければいけないのです。

これでは、組織強化にリソースは割けませんし、組織の戦闘能力も上がりません。結果として、市場などの外部環境の変化に対応できず、短期の成果に右往左往するということを繰り返してしまうのです。

一方で、これからの時代でリーダーに求められるのは、図の左側の動きです。**リーダーが冷静に戦局を見極めたうえで、取るべき方向性を示し、メンバーに仕事を任せる。そして、その仕事を通じてリーダーが成長を支援することで、自走できるメンバーが増える。**すると、リーダーが現場に出る機会が減り、マネジメント比重が高まる。結果として、組織強化に時間と頭を使えるようになるので、組織の戦闘能力が上がる。そうやって、組織が強くなっていけば、外部環境の変化にも反応・対応できるようになっていきます。

悩んでいるリーダーも、「理想はどんな状態?」と問われたら、「自走できるメンバーが多く、現場の一定の仕事は任せながら、戦略立案や組織づくりに時間を使えている状態」だと、頭ではわかっているはずです。

でも、成果は求められるし、任された以上なんとかしたいという責任感で、体が動いてしまう。もちろん、新卒が入ってきたり、他部署からの異動組がいたりするなど、育成しないといけないフェーズもあります。でも、手を出しすぎてしまうと、ずっと忙しいままですし、本来やるべきこと（組織づくり）に頭を使う時間もできません。

リーダーの時間も有限である以上、誰にどの程度時間を使うかの優先順位をつける必要があります。メンバー全員の細かい動きを気にして、1つ1つを指示しようとするから、手間も時間もかかる。そうではなく、**やり方を教えるメンバーと、サポートするだけで済むメンバーをうまく「区別」しながら、立ち回らなければいけません。**

メンバーは、**「自分で」できることが1つでも増えたときに成長実感を得ることができます。**

これは、子供の成長と一緒です。生まれたときは何もできなかったのに、ときを重ねるごとに、1人でやれることが増えていく。そうやって、「あ、できた！」「あ、これもできた！」という状況ができる。そして、それを全力で一緒に喜んであげると、もっともっとできるようになりたいと思うものです。

とても難しいことですが、**あれこれ口を出したい気持ちをグッと堪えて、ヒントや示唆を与える程度にして、あとは背中を押す。**そうやって、「1人でやった経験」をたくさん積ませることで、少しずつ自走できるメンバーが増えていくのです。

ポイント　**仕事を任せて経験を積んでもらうことで自走型チームを目指す**

30
メンバーの個性と伸ばすべき能力を見極める

メンバーの育成を考えるときに、**とても重要なのは「どの能力」を伸ばすのかということ。**人それぞれ持っている能力は異なっていて、それが「個性」となります。

時間という有限なリソースを効率的に使い、メンバーの成長スピードを速めるためにも、誰のどんな能力を伸ばすのかを見極めることが、強い組織づくりにとって重要な要素になります。

この話をするときにいつも思い出すのは、コナミから発売されている『実況パワフルプロ野球』というゲームの中にある、「サクセスモード」です。これは、高校生のキャラクターを68週（シリーズによる）という限られたターンの中で、プロ野球選手になれるような選手へと育てていくものです。

ミートやパワーなどの能力値を、「練習」で貯めた育成ポイントを使って上げていくことができるのですが、いくつもある練習メニューの中から、選べるのは週に1つだけ。疲労が溜まっていくと怪我をして能力値が下がってしまうので、1週間使って適度に休ませなければなりません。さらには、高校生活を謳歌しようと友達と遊びに行ったり、デートをしたりするのにも1週間使わなければいけません。

しかも、キャラクターの初期値は、毎回異なります。最初からミートが高い選手もいれば、パワーが高い選手もいる（総じて最初は全部低い）。どれを優先的に強化するのかを見極めないと、全部中途半端に終わってしまい、プロ野球選手にはなれません。

つまり、限られたターン数を何にどれくらい使って、どの能力を伸ばすのかを考えながら、コマンド（やること）の選択を繰り返していく必要があるのです。

私はここに、メンバー育成のポイントが詰まっていると感じています。

要するに、**限られた時間の中で、メンバーのどの能力を伸ばすのかを見極める。そして、どんな経験を積ませるのか、どんな経験値を貯めるのかを考える。**そうやって、1人ひとりのメンバーの個性に着目して強化し、個性を磨くために必要な機会を提供することで、一人前「以上」の人材へと導いていくことが求められています。

加えて、**組織内でそれぞれの個性を共有することで、メンバー同士の化学反応も起きやすくなります。**

さらには、そのメンバーの個性をよりとがらせるために、今ある能力の中で相対的に能力値が低いもの（≠弱み）を引き上げたり、新たな能力を身につけることも有効です。

これは、ドラゴンクエストシリーズの「転職」というシステムが例としてわかりやすいです。キャラクターがさまざまな職業（戦士や武闘家、魔法使いや僧侶など）をマスターしていくと、その組み合わせでいろいろな上級職になることができるのですが、例えば「戦士」と「武闘家」の職業を両方マスターすると、バトルマスターという戦闘のプロになることができるのです。

このように、**ある1つの能力に長けているメンバーが、他の能力の能力値を上げた場合、メンバーの能力同士が化学反応を起こすこともあります。**

ドラッカーが、**「人が何かを成し遂げるのは、強みによってのみである。弱みはいくら強化しても平凡になることさえ疑わしい。強みに集中し、卓越した成果を上げよ」**と述べている通り、メンバーに向かない能力を伸ばそうとしても、どこかで無理が生じてしまいます。

また、リーダーがメンバーのためにと思って、ある能力を伸ばそうとしていても、メンバー自身が伸ばしたいと思っているものと違ったり、伸ばすことに意味を感じないこともあります。

さらには、今の組織にどんな能力が必要なのかも整理できていなければ、成果にまったく関係ない能力を身につけさせてしまうことにもなりかねません。

そうならないためにも、**組織にとってどんな能力が必要なのかを言語化し、どの能力を伸ばしたいのか・伸ばして欲しいのか、どんな個性を身につけたいのか・身につけていって欲しいのかをすり合わせることが大事**です。

「なりたい人材になるためには、○○な能力が必要」「□□の能力を身につけて、こんな人材になって欲しい」というリーダーが示した未来に対してワクワクすることができれば、メンバーは全力で走りやすくなりますし、成長スピードも上がります。

このように、メンバーの能力同士の化学反応によって個人の戦闘能力を引き上げ、メンバー同士の化学反応によって組織の戦闘能力を引き上げる。そのためにも、メンバーと向き合い、それぞれの個性と引き上げる能力を見極めることが求められるのです。

ポイント　組織とメンバーの双方にとって必要な、磨くべき個性をすり合わせる

31

会社全体でメンバーの個性を最大限活かす方法を考える

組織に所属しているメンバーは、1人ひとりが個性を持っています。そして、1人ひとりの個性を最大限活かすためにも、組織の目的達成、成果最大化に向けたミッション設定や、伸ばすべき能力の見極めが必要であることは、ここまで述べてきた通りです。

1人ひとりの個性を見極めたうえで、最適なフォーメーションを組み、みんなで仕事を進めている中で、ポジティブとネガティブの両方の側面で考えなくてはいけないことがあります。それは、「このメンバーが今の組織にいることは、会社やメンバーにとっての最適解なのだろうか？」ということです。

ポジティブな面というのは、「自組織でも活躍しているが、他の組織のほうが能力をより発揮できそう」「本人が伸ばしたい能力を磨くために、他組織で経験を積んだほうがいい」など、**メンバーがより能力を発揮するために環境を変えたほうがいい**ということ。

ネガティブな面というのは、「組織の目指す方向性にメンバーの個性が合わない」「求められている能力とメンバーの個性が合致しない」など、**組織と個性の不一致を解消するために環境を変えたほうがいい**ということです。

両方とも、メンバーが持っている「個性」を最大限活かし、能力を最大限引き上げることが目的です。

もちろん、自分の組織にいるメンバーには愛着もありますし、一緒にやってきたメンバーだからこそ、「抜けられたら困る」という思いから、人材を流動的に動かすことに対して後ろ向きになることもあります。しかし、メンバーの成長や活躍を願うのであれば、他の組織へと送り出すことも考えなければなりません。

反対に、**他の組織からメンバーを引き受けることも考えるべき**です。

例えば、「他組織で苦しんでいるあのメンバーは、自分の組織であれば活躍できるのではないか？」「あのメンバーの能力や個性は、自分の組織のほうがより成果を上げられるのではないか？」などの視点で、他の組織のメンバーを見ておくことも必要です。

忘れてはいけないのは、**「メンバーの個性は、自分の組織のためだけにあるのではない」**

ということ。言われてみれば当たり前の話ですが、メンバーの個性は「会社全体」の目的や成果のために、会社全体で最大限活かす方法を考えるべきです。

今、活躍しているメンバーに、さらに飛躍する機会を提供する、苦しんでいるメンバーに、這い上がるチャンスを提供する。リーダーは常に、メンバーの個性が最も輝く方法や環境を考えなくてはなりません。

私は、13年間で7つの部署を経験してきました。異動の経験は比較的多いほうなのではないかと思います。

自分自身の経験から異動のメリットとして、次のようなことを感じます。

・上司が変わることで、新しい知見や考え方に触れることができる
・一緒に仕事をする相手が変わることで、今までの考えを変えなければならない経験を積むことができる
・周りからの見え方が変わることで、新しい自分の個性に気づくことができる
・仕事が変わることで、自分の能力を活かした新しい成果の出し方を考えることができる

共通するのは、仕事をする相手や内容という環境が変わることによって、自分の個性を見つめ直し、能力を磨くための新しい刺激が多く得られるということ。

大前研一氏も、著書『時間とムダの科学』（プレジデント社）の中で、「**人間が変わる方法は三つしかない。**一つは**時間配分を変える**、二番目は**住む場所を変える**、三番目は**付き合う人を変える**、この三つの要素でしか人間は変わらない」と述べています。

同じ環境で同じ仕事をしていると、どうしても慣れと飽きがきます。もちろん、常に刺激的な環境を作ることで、優秀なメンバーを飽きさせずに、高いパフォーマンスを出し続けられる状態にすることも、リーダーには求められます。

しかし、メンバーの個性を最大限活かすことや、メンバーの成長を考えると、「自分の組織で抱え込まずに『環境を変える』という選択肢があることも、頭に入れておく必要があるのです。

ポイント
メンバーの個性が最大限活きる場所を自組織にとらわれずに考える

第5章

メンバーの成長を促す

32

成長し続けるための学習サイクルを作る

組織には、成長に貪欲なメンバーもいれば、成長に興味のないメンバーもいます。ですから、何もしなければ環境を整えたとしても、メンバー個々人の成長意欲に依存した成長スピードしか出せません。

しかし、メンバー育成がリーダーにとって重要な仕事である一方で、育成のためにリーダーができることはそんなに多くありません。今まで述べてきた、環境を整え、全力で走れる道を作り、ゴールを示して、背中を押すことぐらいです。

その中でもリーダーが本来やるべきことに時間と頭を使うためには、少しでも早く自走できる状態になってもらわなければいけない。また、成果を最大化するためには、少しでもメンバーの戦闘能力を引き上げてもらわなければなりません。

仕事に関わらず、人の成長に欠かせないのは、「学び」です。何かを通して学びを得ることで、「次はこうしよう」「もっとこうしてみよう」という思考が生まれます。そして、その試行錯誤の中でまた新たな学びが生まれ、さまざまな能力が磨かれていきます。

では、仕事における学びにとって必要なものは何なのでしょうか？

それは、**ビジネス現場での経験**です。もちろん、リーダーのアドバイスや研修などの座学、読書も学びの機会にはなりますが、**「現場での経験」に勝るものはありません。**


外部環境の変化が激しく、目まぐるしく状況が変わる現代においては、より経験の重要性が増しています。もちろん、普遍的に大事なことや、仕事の本質として変わらない部分もあるので、それらをベースの考え方として持っておく必要はあります。

ただし、リーダーが昔のモノサシでメンバーにアドバイスをしても、時代遅れになっていることもありますし、昔からある研修が現代にはまらないケースも存在します。残念ながら、「俺らの時代はなぁ〜」などとノスタルジーに浸ったところで、意味がないことがほとんどです。


しかし、現場での経験がそのまま学びになるかというとそうではありません。経験しても、そのまま「すーっ」と流れていって、そこから学ばない人もたくさんいる。だからこそ、その経験を「学び」にしていくためには、経験という養分を体内に効果的に取り込む

「学習サイクル」が必要になります。

専門的な内容については、北海道大学の松尾睦先生の『経験からの学習』（同文館出版）や『経験学習入門』（ダイヤモンド社）を読んでいただきたいのですが、簡単にポイントをまとめると、**「具体的な経験をしたうえで、その経験を振り返り（内省的反省）、教訓を抽出し（概念化・抽象化）、次の経験に活かす（能動的実験）」**という流れです。

学習サイクルを回すためにリーダーがやるべきことは、以下の3つです。

①経験の意味づけをすること

目の前にメンバーの成長にとって非常にいい経験ができる環境があったとしても、その経験の価値に気づかなかったり、経験する意味を見いだせなかったりすることがあります。だからこそ、経験を積む意味を伝えたうえで、背中を押してあげることが必要です。

②振り返りを支援して学びを引き出すこと

経験から学びを得るためには、振り返り（内省）がとても重要です。しかし、忙しい毎日の中で振り返る時間を作れていなかったり、振り返っていたとしても学びの抽出までは

1人でできなかったりします。だからこそ、振り返りと教訓の抽出のサポートが必要です。

③ 次の経験に紐づけること

せっかく学びを抽出できても、次の経験に活きないのはとてももったいない。だからこそ、次に同じような場面に遭遇したときに1人で対応できるように導いていくことが求められます。

日々の仕事に学びが多ければ、仕事がとても刺激的でワクワクするはずです。しかし、ただ闇雲に日々を過ごしているだけでは、仕事のおもしろみは感じられませんし、モチベーションもパフォーマンスも上がりません。だからこそリーダーは、メンバーにとって意味のある経験を成長機会として提供し、終わったあとで一緒に追体験しながら、うまくいった・いかなかった要因を一緒に紐解き、次は1人でできるように背中を押していきます。その繰り返しが、メンバーの成長スピードを上げることにつながっていくのです。

ポイント　**経験を学びに変えるために仕事の振り返りと意味づけを支援する**

33

成功体験・失敗体験を共有する

組織（チーム）では、いろんな個性を持ったメンバーが、いろんな仕事をそれぞれのやり方でやってくれています。それぞれ個性が違うからこそ、同じ仕事でもやり方や成果の出し方は異なります。

大きく風呂敷を広げて仕事のレベルを上げていく人もいれば、コツコツコツコツ積み上げて、気づいたら仕事のレベルが上がっている人もいます。

どちらが正解ということはありませんし、成果が出ていればどっちも正解です。

ただ、それをメンバー個人の中だけで閉じてしまうのは、とてももったいない。なぜなら、第3章で述べた通り、メンバー同士の化学反応を起こすことが強い組織につながるからです。

そのためにも、組織全体やメンバー間でのコミュニケーションを誘発することによって、学びを深めていくことを忘れてはいけません。

事実、立教大学の中原淳教授の著書『職場学習論』（東京大学出版会）の中では、**職場での業務経験談（仕事における成功体験や失敗体験の共有）が、メンバーの能力向上に影響を与える**という研究結果が述べられています。

やはり、組織の中で、いいこと（成功体験）も悪いこと（失敗体験）も共有し合うことが、メンバー同士の学びにつながり、知見のかけ算によって組織知は大きくなっていくのです。

リクルートでは当時、メンバー同士がデスクで情報を共有し、議論することは日常茶飯事でしたし、毎週の数字報告会議で、受注した要因や失注になった要因を掘り下げることは当たり前でした。また、部署を超えたナレッジ共有の機会は、半期に一度のプレゼン大会や、社内報などで多く担保されていました。

先輩のやり方を真似する、誰かが失敗していたことを避けるなどの対策によって、自走までのスピードが早かったように思います。しかも、**誰かが経験したことがどこかに蓄積されているから、「何かあっても大丈夫」という安心感が、１人で進めることに対する不安を打ち消してくれていた**ように思います。

その後、私が転職を通して複数社を経験する中で気づいたのは、メンバー同士の事例共有が意外とされていないということ。

もちろん、**業務の「やり方」に関するレクチャーや共有はあるものの、「成功体験」や「失敗体験」の共有があまりありません。**そもそも、みんなで共有する、ナレッジを蓄積するという考えすらないし、やり方がわからないのです。

これは、私が営業として接点を持ってきた多くの企業（クライアント）でも同様です。メンバー同士の仲が良くて、インフォーマルな形で共有をしているケースはありますが、メンバー間で知見の共有が行われていないことが多い。

とくに営業組織では、メンバー同士で事例の共有がされていない状況をよく目にします。成果主義の色合いがまだまだ濃い世界だからこそ、自分の中で知見を閉じているケースが多いように感じます。

しかし、中原教授の研究結果やリクルートでの例のように、**誰かがうまくいった事例（成功事例）を横展開すれば、他の人の成功確率を上げることができます。**また、**誰かがう

まくいかなかった事例（失敗事例）を共有し、失敗するケースについての認識を揃えておけば、同じ失敗を回避することもできます。そうやって、メンバーの戦闘能力は向上していくのです。

しつこいですが、リーダーが考えるべきは、「組織としての成果の最大化」であり、「組織の戦闘能力の最大化」です。そのためには、「みんなで成果を最大化する」という意識をメンバーが持つと同時に、「業務経験（成功事例／失敗事例）を共有し合うことでいいことがある」とメンバーが実感することが重要です。

そのためにも、**リーダーが率先して失敗体験を語ること。**

「あ、この人も失敗してるんだ」「自分も失敗していいんだ」という認識をメンバーが持つことで、メンバーが失敗体験を共有しやすくなります。そうやって、成功体験・失敗体験を共有し合える状態を作ることで、メンバー同士の化学反応が生まれやすくなるのです。

ポイント　個人の経験や学びを共有し合い、チーム全体の学びに変えていく

34

メンバーが自分で考えるための「問い」を立てる

リクルート社員の口グセとしてよく取りあげられる言葉の1つに、「お前はどうしたい？」というものがあります。実際、社内で上司に「これ、どうしたらいいですか？」と相談すると、よく言われていました。

正直、最初は「いや、こっちが相談してるんだけど」と思っていましたが、「お前はどうしたい？」と聞かれるときはだいたい考えが浅かったり、まだ考える余地があるときで、聞かれるたびに「どうしたいんだっけ？」と自分自身の考えを整理するいい機会になっていた記憶があります。

この言葉の本当の意味は、リクルートがグローバルカンパニーへと変化していく中で、全世界の会社の共通言語として英訳した際に選んだ言葉に詰まっています。「お前はどうしたい？」を直訳すると、『What do you want to do?』になるはず。しかし、リクルートが選んだのは『**Why are you here?**』です。この言葉選びにはかなりこだわったと聞いています。

つまり、上司や先輩に対して「これ、どうしたらいいですか？」と質問をしたときに「お前はどうしたい？」と聞かれているのは、**「答えを求めずに、まずは自分で考えてみなさい。あなたが出せる価値は何？」**という問いなのです。そして、考えたうえでの自分なりの答えを持っていくと、そこに対してアドバイスをもらえたり、背中を押してくれる。これが自分にとっての成長の機会になっていました。

メンバーがリーダーの指示通りに仕事をしていても、そこにメンバーの成長はありません。常に正解を与えていたら、メンバーに自分の頭で考える癖がつかないからです。１人ひとりのメンバーが、自分のミッションに対して当事者意識を持ち、全力で成果を出そうと必死に考えるからこそ、いろんな知恵が出るのです。

しかし、リーダーは、「組織の成果を最大化させたい」という想いを持っています。メンバーに任せた結果、求めている成果が出なかったときに苦しむのはリーダーの自分です。それがわかっているからこそ、メンバーの仕事が求めているレベルに達していなかったとき、どうしても、もどかしくなったり、不安になったりしてしまいます。

私も一時期、その不安な気持ちに耐えられず、メンバーの相談に対して、自分が思う正解を与えてしまっていました。「成果を出したい」「失敗したくない」と必死で正解を探し、それをメンバーに与え続けていたのです。

メンバーからすれば、私に与えられた正解（と思われるもの）通りにやったので、うまくいってもいかなくても、「自分のせいではない」と思えてしまう。それでは成果に対しての責任感が生まれるはずがありません。そうすると、個人の成果に対して、貪欲に考えることをしなくなるし、どんどんチャレンジに対して臆病になっていきます。

多少のもどかしさがあったとしても、メンバーからの相談に対して「あなたはどう思う？」と問いを立てる。「まずは、自分の頭で考えみたら？　できるはずだよ？」と**背中を押してあげる。**そして、迷ったときには、**そっと方向を示してあげる**ことが大事です。

まずはとにかく、自分なりに考えてやらせてみましょう。何か間違いが起きたとしても、実はリーダーが思っているより大きな問題にはなりません。**リーダーがどっしり構えて任せたうえで、何か起これば、そのときに手を差し伸べればいい**のです。

そして、リーダー自身もわからなければ、「どうしたらいいだろうね？」と一緒に考えます。リーダーだって全知全能の神ではありません。やったことのないこともあるし、できないこともある。そんなときは、リーダー自身が上司に相談してみる。そうやって**メンバーと一緒に正解を探していくプロセスを通じて、一緒に成長していけばいい**のです。

その繰り返しの中でメンバーに考える癖がついていけば、各自が自分で考えられる範囲も広がっていきます。しかも、それぞれが持っている個性を活かした答えが出てきたり、メンバー同士で相談し合う動きが生まれることで、意外な打ち手や考えもしなかった打ち手が出てくることもあります。まさに、組織知が最大化するのです。

「自分が完璧にやらなきゃ」「自分がなんとか成果を出せるようにしなきゃ」という想いは、リーダーの独りよがりであり、メンバーを信頼できていないということだ、と今はそう思えます。組織のリーダーが、チームメンバーのことを信頼して任せられずに、いい成果が出せるはずがありません。

メンバーの成長が、組織の成長です。だからこそリーダーは、（メンバーが自分で考えられるようになるための）「問い」を立てることを意識する必要があるのです。

ポイント
メンバーが自分で考えて答えを出せるようになるための支援をする

35

指摘するのは、約束を破ったとき

メンバー育成の中で最も難しいのが、**「メンバーへの指摘」**ではないでしょうか？

前向きに仕事をしているメンバーや、何も問題がないメンバーだけであれば、寄り添いながらコミュニケーションを取っていけばいいのですが、そんな環境はあまりありません。

仕事の水準が求めるレベルに達していない、言ったことをやっていない、文句が多い、勤務態度が悪いなど、スタンスやスキルに問題があるメンバーに対しては、正しい方向に導くことが求められます。しかし、ここに苦手意識を持っているリーダーが多い。


どの企業も、ハラスメントやコンプライアンスという言葉に敏感になっています。実際、いろんな経営者と話をしていると、気になることはあるものの「あまり言えなくなった」「言わないようにしている」などと嘆いている方も多いです。

もちろん、言いすぎは良くありません。リーダーが指摘しすぎると、メンバーが萎縮して全力を出し切れない状態になってしまったり、言われることを気にして逆に手が動かなくなってしまったりすることもあります。

だからといって、それを気にして何も言わなければ、メンバーは育たないし、組織は強くなりません。

また、リーダーが気にして何も言わないことで、メンバーが勘違いしてしまうこともあります。**何をやっても何も言われないからと、それぞれが好き勝手に仕事を進めていたら組織の統制が取れなくなりますし、成長意欲の高いメンバーからすると、言われないことが物足りなさにつながってしまうこともあります。**

言いすぎてもダメだし、言わなすぎてもダメ。バランスがとても大事です。

私自身、言いすぎてうまくいかなかったことも、言えずにうまくいかなくなったこともあります。マネジメントの役割を担ってから、ずっと試行錯誤を繰り返していますが、まだいい塩梅は見つかっていません。なぜなら、メンバーや組織規模、事業フェーズによって、適切なバランスが異なるからです。

自走できるメンバーが揃っていれば、（極端ですが）方針だけ示して「あとはよろしく！」でも、ある程度の成果は出せるかもしれません。でも、自走できるメンバーが暴走してしまうこともあるし、まだ自走度の低いメンバーがいる場合は、どこをどう走ったらわからずに迷うケースもあります。

メンバーが全力で走れるようにするためには、リーダーがガードレールを用意して、走る範囲を定めることが求められます。

気をつけなければならないのは、リーダーが**「自分のモノサシで勝手に判断しない」**ということ。「自分ならここまでやるのに、なんでやらないの?」「普通はこうするはずなのに、なぜ違うことをやるの?」など、自分基準で考えてしまうと、メンバーはリーダーの顔色を伺いながら、合っているか間違っているかをリーダーの反応を見て判断するようになってしまいます。結果として、指摘されるのを怖がって萎縮してしまうことにもつながりかねません。

リーダーも必死に仕事をしているからこそ、ときにはイライラしてしまうこともあります。でもそれは、相手に「勝手に」期待しているだけなのです。「もっとできるはずなのに」とか、「ここまではやってくれると思っていたのに」とか、勝手に期待して、勝手に裏切られて、勝手にイライラしているだけなのです。

それは、**がんばる水準や、やることが、メンバーとすり合わせられていないだけのこと**

が多い。

だからこそ、第3章で述べた、「組織として大事にしたいこと」と「ＯＢゾーン」が大事になってきます。さらには、第2章で述べた「ミッション設定」や、第4章で述べた「伸ばすべき能力のすり合わせ」も、とても重要な役割を担います。

要するに、**「組織として」何を大事にするのか、何をやってはダメなのかというラインを引いておき、そこから外れたときには指摘する**。また、**伸ばすべき能力や求められる仕事の水準をメンバー1人ひとりと握ったうえで、目的から外れたときや、約束していたことと違うことをやったときに指摘する**、というルールを決めておくことが重要です。

指摘する目的は、**「メンバーの成長」を通じて、「組織の目的を達成すること」「成果を最大化すること」**です。その目的のためであれば、躊躇せずに指摘すべきです。ただし、メンバーと決めたルールの中でのみ。そうやって、1人ひとりを正しい方向に導くことができれば、メンバーの成長も、組織の成長も大きなものになっていくはずです。

ポイント

指摘する（叱る）基準は個人の感情ではなくルールで判断する

36

メンバーの成長にとってベストな選択肢であり続ける

リーダーやマネジャーとしてメンバー育成に携わっていてやりがいやおもしろさを感じるのは、メンバーのできることが増える、悩むポイントのレベルが上がる、言動が変わるなどの変化を感じたときです。そういうときは、メンバーも手応えを感じていい顔をしていますし、成長してイキイキ働いているメンバーがいることで、いい雰囲気が漂い、組織にプラスの影響を与えてくれます。

しかし一方で、そうやって手塩にかけて一緒にがんばってきたメンバーから、「退職します」と言われたとき、しかも退職することを想像もしていなかったメンバーに言われたときのショックは、かなり辛いものがあります。

もちろん、職業選択の自由があるので退職は悪いことではありませんが、組織の戦闘能力を最大化し、成果を最大化するというミッションを担うリーダーにとって、メンバーの退職は大きな痛手です。とくに、伸び盛りのメンバーや組織の中核を担っているメンバーの退職は、大きな戦力ダウンにつながるので、なんとしても引き止めなければなりません。

しかし、すでにメンバーに「辞める」という強い意向がある場合、コミュニケーションには注意が必要です。**絶対にやってはいけないのが、本人が真剣に考えたことを否定すること。**そして、(リーダーである)**自分が困るというスタンスで引き留めようとすることで**す。

私はこれで何度か失敗しました。人間、考えたことを否定されると、その考えをより肯定したくなるものです。「今、転職していいの?」「それって今が辛いから逃げたいだけじゃないの?」と転職することを否定するコミュニケーションを取ったことで余計に意向が強まり、退職したメンバーもいました。

もちろん、メンバーによっては「早くないか?」と感じるものや、「次の転職先そこでいいの?」と思うものもあります。しかし、リーダーの視座から見れば考えが浅いと感じるものも、本人にとっては真剣に考えた結果ですし、何より「この組織にいたい」と思ってもらえるような状態を作れなかったリーダーの責任でもあります。

メンバーから退職の意向を聞いたときにリーダーが真っ先に考えるべきは、「メンバー

の未来」「メンバーの成長」にとって、本当にベストな選択なのかということです。

転職を通してメンバーがやりたいことを深く掘り下げていくと、今の組織に残ったほうが実現できることや、今の仕事の先にもっと魅力的なことが待っていることもあります。

メンバーが自分に見えている視座でしか判断できないのは当然です。だからこそ、リーダーがメンバーの想いに真摯に向き合い、今の会社に入った目的や、将来成し遂げたいことを改めて整理し、今の組織で実現できること・この先に待っていることを紐づけていくと、メンバーは「ここにいたほうがいい」と自分で気づいてくれます。

そして、**「まだ一緒に働きたい」「辞めて欲しくない」ということをポジショントークではなく、「自分の気持ち」として伝える**ことも忘れてはいけません。

それでもダメなら、背中を押してあげるのも親心です。

私自身、3回転職をしていますが、退職を考えた回数は実際の転職回数よりも多いです。そのタイミングに共通しているのは、「この会社ではこれ以上成長できない、できることはない」「自分の成長のためには、違う環境のほうが適している」と感じたときですが、そのほとんどが「勘違い」でした。

何度も「辞めます」と言っては上司と話をし、考え方が変わって残るという経験をしてきましたが、その度に「自分のことを本気で考えてくれている」ことを感じましたし、「この人のためにもっとがんばろう」と思い、さらに奮起したものです。

ただ実際、リーダーにとって退職引き止め交渉はかなり骨が折れる作業です。

メンバーがハイパフォーマーであればあるほど、いろいろなレイヤーの人が何度も面談をする、食事に行くなど、かなりのパワーが必要となります。そうならないためにも、「なぜここで働くのか」という目的をすり合わせ、メンバーには見えていない、少し先の未来を示してあげることで、今の組織にいるメリットを感じてもらうことが何より重要なのです。

ポイント　**この組織にいたいと思い続けてもらえるコミュニケーションを丁寧にする**

37

メンバーが成長・変化できることを信じる

「メンバー育成」というテーマでここまでいろんなこと述べてきましたが、メンバーが成長する・変化するためには、2つの前提かつ必須の条件が存在します。

1つめは、**「メンバー本人が成長したい、変わりたいと『本気で』思っている」**ことです。「成長したい、変わりたい」と言っている人はたくさんいます。誰だって、成長したいか、したくないかで言えば、成長したいし、変わりたい。でも、口先で「成長したい、変わりたい」と言っているだけでは、成長も変化もありません。

人は「変化」を怖がる生き物です。自分を変える行動を起こそうと思ったときに、不安を感じてしまいます。これは、「現状維持バイアス」と呼ばれる心理作用であり、変わることによって何か損失を得るのではないか、と考えてしまうのです。

リーダーがどれだけ「成長して欲しい」「変わって欲しい」と思っていても、メンバーが本気で思っていなければ、リーダーの言葉は右から左に抜けていくだけ。リーダーの言葉は、メンバーが「変わりたい」と本気で思える気づきにはなりません。

メンバーに「変わりたい」と本気で思ってもらうためにも、メンバー1人ひとりと向き合い、根気強く対話を続けることが大事です。

「なぜ」成長すべきなのか、「なぜ」変わるべきなのかを説き続ける。**変化や成長の先にある未来を示し、小さなチャレンジの機会を与えて、変わることに対しての不安を払拭する。**

そして、チャレンジに対しての承認と称賛を繰り返すことで、メンバーが少しずつ「変わっても大丈夫」「変わったほうがメリットが大きい」ということを理解していけば、変化に対する本気度が芽生えてきます。

そのときに大事なのが、2つめの前提かつ必須の条件である、**「リーダーが、メンバーが成長・変化できることを信じる」**ということです。

メンバーが成長したい、変わりたいと「本気で」思うまでには、時間がかかります。そして、その時間は、とてももどかしい。ややもすれば、**時間がかかりすぎて我慢できず、メンバーの成長や変化を諦めてしまいかねません。でも、そこをグッと辛抱して「信じて**

待つ」ことが重要です。

中には、「人は変わらない」という前提に立ち、メンバーに期待せずに組織運営をしているリーダーもいます。もちろん、組織の成果を最大化するための戦略を考えるときに、未知数かつコントロールできない「成長」という変数を組み込むのは、リスクが高いのは理解できます。

ただ私は、自分自身が上司に信じてもらえたことで、変わることができた、成長できたからこそ、メンバーの変化や成長を信じたいと心から思っています。そして、絶対にメンバーの成長と変化を諦めないと決めています。

私が社会人3〜4年目のときの上司は、毎日のように一挙手一投足に対して、細かい指摘をたくさんしてくれました。また、社会人5〜6年目のときの上司は、「思い切っていけ」「もっと踏み込め」「大丈夫だから」と、事あるごとに喝を入れ、背中を押してくれました。今思えば、私が成長できる、変われることを信じてくれていたからこそ、諦めずに言い続けてくれたのでしょう。そうでないと言い続けられません。だからこそ、上司の言葉が私の心に響いたのだと思います。

この経験があるからこそ、メンバーの成長にとって、**「リーダーがメンバーの成長や変化を信じること」が大事**だと考えています。

ただし、焦らないこと。禅語には、「啐啄同時《そったくどうじ》」という言葉があります。「啐」は、鳥の雛が孵化するときに殻の中から鳴くこと、「啄」は、母鳥が外から殻をつつくことを表しています。どちらが早くても雛が死んでしまうことから、「学ぼうとする者と教え導く者の息が合って、相通じることで悟りを開くことができる」という意味の言葉です。

もちろん、個々人のポテンシャルが違うからこそ、１人ひとりの成長の限界は異なりますし、「変わらなきゃ」と気づくまでの時間や、成長や変化のスピードも人によって異なります。それも、個性です。

だからこそリーダーは、１人ひとりに合わせたコミュニケーションによって、メンバーの個性を見極め、成長や変化に寄り添っていくことが求められるのです。

ポイント　**メンバーの成長を諦めずに１人ひとりと向き合い、対話し続ける**

38

コミュニケーションの試行錯誤を続ける

時代の変化によって人々の考え方（市場環境）が変わるのと同様に、**育ってきた時代背景（世代）や世の中の流れに合わせて、メンバーの価値観や考え方も大きく変わります。**

例えば、仕事や働き方に対する価値観や考え方。

昔は、仕事のやりがいや給与を重視している人が多くいました。がんばればがんばるほど給与が上がる時代だったからこそ、朝早くから夜遅くまで働き、とにかく量をこなすことで質を磨くなど、みんながむしゃらに働いていました。

しかし、最近では、「ワークライフバランス」という言葉が浸透し、労働時間や残業に対する考え方が大きく変わりました。結果として、安定や働きやすさ、プライベートとの両立などを重視する人が多くなっています。

さらには、労働環境改善が重要な経営アジェンダになっている世の中において、「生産性」は重要な指標になっています。

ただ、生産性を重視するあまり、インプット（労働時間・工数）を減らすことばかりに注意がいって、アウトプット（成果・付加価値）を上げるという観点が抜け落ちてしまったというケースをよく耳にします。

実際に1週間ほぼ休みなく働いていた会社が週休2日を徹底したことで、契約件数が丸々2日分減ったという事例もあります。

仕事や働き方に対する考え方が変わっても、成果を出すために必要なことは、昔も今も変わりません。目の前の仕事に向き合い自分の能力を発揮していくこと、能力が足りなければ努力して磨くことが必要です。

労働時間の制約条件が厳しくなり、能力が足りない分を時間と量でカバーすることができなくなった今、**リーダーがメンバーの成長に必要な濃い経験を積めるように業務を設計し、やり切れるように導くことが重要**です。

そのためには個々のメンバーの考え方や価値観を理解し、そのメンバーにとって適切なコミュニケーションの内容や方法を、試行錯誤していくことが求められます。メンバーは1人ひとり性格も違えば、強みや弱み、好みや感性も異なります。だからこそ、同じ内容であっても、適切な伝え方がメンバーそれぞれで異なるのです。

厄介なのが、今はちょっとしたことでハラスメントと言われかねないことです。言葉を受ける側が敏感になっているからこそ、ちょっとしたことで問題になりやすいですし、自分の感覚でコミュニケーションを取ることは、大きなリスクを孕んでいます。

一方で、リーダーをやってきて思うのは、**メンバーの反応を気にしすぎてしまうと、逆にメンバーの成長スピード、つまりは組織の成長スピードが落ちるということ**です。組織コンディションが悪くなるのを恐れたり、メンバーの離職を怖がって、本当は指摘すべきことがしづらくなっていきます。

そうやって、**本音を言えない、言わないコミュニケーションを続けていると、メンバーは「何をやっても大丈夫だ」と勘違いします。**さらに、**修正すべき点を修正できないままにしておくと、「このままでいいんだ」と思い込んでしまう**のです。

そして、言わない期間が長ければ長いほど、言いづらさは増していきます。

このように、リーダーがコミュニケーションに臆病になった結果、メンバーに対してうまく求めることができなかったり、要望が弱くなったりすることで、相手の立場が強くなってしまうと、組織は強くなりません。

私自身、やめられたら困ると、メンバーに気を使った結果、組織コンディションが悪くなってしまったこともありました。

そこから学んだのは、リーダーは「メンバーとのコミュニケーションから逃げてはいけない」ということ。そして、**「メンバーに向き合い、強みや弱み、価値観や考え方などの個性を理解し、コミュニケーションの試行錯誤を続けなければならない」**ということです。

私自身も怖くなることはまだまだたくさんあります。うまくいかなくて悩むことも多いし、逃げたくなる時間もあります。そのたびに、このことを思い出し、メンバーと日々向き合っています。コミュニケーションに正解はないからこそ、常に進化を続けていかなければならないのです。

ポイント

価値観の異なるメンバーとのコミュニケーションから逃げない

第6章

リーダー同士のコミュニケーション

39

管理職は孤独。だからこそ、仲間が大事

今まで述べてきた通り、目標を立てる、組織を作る、メンバーの個性を活かす、メンバーの可能性を引き出すなど、リーダーやマネジャーに求められることは多岐にわたります。

プレイングマネジャーとして現場にも立っている場合は、個人としての仕事もあるので、落ち着く暇がなかったり、気が休まらなかったりすることもあるでしょう。

しかも、初めてやることも多く、絶対の正解がない中で、どうしたらいいかわからず、迷い・悩むこともあります。

さらには、組織長という立場上、組織の中に同じ役割を担う人がおらず、気軽に相談ができない。かと言って、メンバーに相談するのも違う……。そんな状況下で、自分1人で抱え込んでしまい、なんとかしようとして、さらに苦しい状況に陥る人も少なくありません。

「管理職は孤独」。この言葉を聞いたことがある方は少なくないはずです。

この先、**部長職や執行役員と経営に近い立場に行けば行くほど、より相談できる人が減っていきます**。なぜなら、組織のピラミッド階層の上に登れば登るほど、横（同一階級）の人数が減っていくからです。そういう点では、社長が一番孤独な存在なのです。

そんなときに**支えになるのが、「仲間」の存在**です。

課長職であれば、課長職同士など、同じポジション（同じ役割）に就いている仲間に相談できる状態を作ること。この横のつながりが、大きな武器になります。

他のリーダーの中には、同じ悩みを抱えていたり、自分が今抱えている課題を解決した経験があったり、自分にはない能力を持っているからこそ解決できていることがあったりする人がいます。**それならば、リーダー同士の化学反応によって、組織知を最大化させていけばいい**のです。

私が以前の会社で初めてマネジャーになったとき、先にマネジャーになっていた同世代の2人にかなり助けられました。

そもそも、私が転職してすぐにマネジャーになっているので、通常業務もマネジメントもわからないことが多い中で、事あるごとに席に行ったり、飲みに行ったり、一緒に喫煙所に行ったり。いろいろな悩みや考えを相談し、感じたことをぶつけることで考えが整理できていました。

また、同じ営業部に3人のマネジャーがいたときは、3人で部の施策を考えるなど、お互いの考え方ややり方を共有しながら、組織としてどうやったら成果が上がるのかを常に議論していました。

また、部長になってからも、同じ部長仲間と常に議論しながら、ときには喧嘩もしながら、どうやったら会社がもっと良くなるのかを本気で考えていました。これが、会社全体の組織を強くしていたのだと思います。

しかし、今対峙している住宅・不動産業界もそうですが、多店舗展開をしている企業に多いのは、店舗に管理職が店長1人のため、店舗間での横の連携が少ない、あったとしても店長同士の年齢が離れているなど、気軽に相談できる環境にないということもあります。

そういう状況下で**横の連携がないと、気づいたら「井の中の蛙」になってしまっていた**ということも起こりかねません。下手したら、「自分の店舗＝自分の城」という感覚が強くなりすぎて、周りの意見を受け入れられなくなる（裸の王様になる）こともあります。

やはり、**「交流の場は意識的かつ自主的に作るべき」**です。

待っていても何も変わりませんし、ましてや店舗間や組織間の交流は、自分から働きかける以外に有益なものはありません。研修で会ったとしても、最近の状況を共有するぐらいで、深い話ができるほどの時間はないはずです。

優秀なリーダーは、横の連携を作るのがとても上手です。全然関係のない部署とも交流を持っていたり、「どこから聞いてきたの？」という情報を持っていたり。そうやって、横の連携からいろいろな情報が入ってくることによって、常に新鮮な目で組織を見ることができますし、新しい知恵も生まれます。

リーダーは、1人で負う責任が大きい仕事です。だからこそ、知見を広げるためにも、積極的に他者の考えや意見を取り入れるという動きが重要になるのです。

ポイント　**リーダー同士の化学反応を起こすために交流の場を意識的に作る**

40

自分だけの力で解決しようとしない

リーダー間の横の連携と同様に、上司を巻き込むことも重要です。

組織を任されているからこそ、「1人でなんとかしなきゃ」という意気込みや当事者意識を持つのは当然です。しかし、それで成果が出なかったり、組織運営がうまくいかなければ意味がありません。

先ほどの横の連携の話でも述べた通り、より高い成果を出すためには、少しでも知見を広げていく必要があります。自分1人で考えられるやり方には限界があるからです。

また、**自分1人で考えたときに筋がいいと思っていても、実は周りから見たら筋が悪かったり、欲張って必要ではないことまでやりすぎてしまったりということも大いにあります。**

そんなときに頼るべきが、「上司」です。課長職であれば、部長や次長などの上位職級者がそれにあたります。

同じ職級（課長職なら課長職）間のコミュニケーションと大きく異なるのは、上位職級者の場合、あなたが抱えているミッションは、その人のミッションの一部でもあるということです。

言ってしまえば、横の連携は利害関係のない第三者的な立ち位置であるのに対して、上司は「当事者」です。本書で述べてきたようなことを、あなたたち（リーダー）に対してやるのが、上司（上位職級者）のミッションなのです。

当然、あなたよりも経験はあるし、能力も高い。くぐってきた修羅場の数も異なります。しかも、**組織の方針を決めているのは上司ですし、上の立場から組織を見ているからこそ、自分では気づかないことに気づくことも多い**のです。

だから迷ったとき、困ったときはもちろんのこと、うまくいっているときであっても、上司の知見を借りることは有効な手段になります。

私がマネジャーのときは、当時の本部長（部長の1つ上の職級）によく相談していました。

悩んだり、困ったりしたときにそれを吐露すると、肯定してくださったり、否定してくださったり。「このままでいいんだ」と安心することもありましたし、「もっとこうしなきゃ」と奮起することもありました。

そのときそのときに、自分が欲しい言葉をかけてくれる存在はとても大きく、精神的な支えになりました。

一方、直属の上司である部長とは、タイプや営業スタイルが異なっていたため、あまり相談をすることはなかったのですが、振り返ると「もったいなかったな」と感じています。

当時の私は、アドバイスや指摘をいただいても、変なプライドのせいか素直に受け入れることができず、ムダに反発することが多かった。でもそれは、組織成果の最大化というミッションに沿った行動ではなかったことが、今ならわかります。

タイプや営業スタイルが異なるからこそ、知見が広がったり、自分には考えつかないことが選択肢として出てくる。自分とは違う強みを持っているからこそ、それを理解しておくことで、**「やり方のバリエーション」**が増えていくのです。

リーダーは、それなりの経験を積み、実績を出してきたからこそ、そのポジションに就いています。それが故に、自分（リーダー自身）の成功体験を信じているはずです。ただし、あくまでリーダーが追うべきは「組織成果の『最大化』」。そのためにも、リーダーもメンバーも自分の知見を広げて、やり方の選択肢を多く持っておくことが重要なのです。

さらにあなたの上司も同じもの（組織成果の最大化）を追いかけています。だからこそ、**「リーダーであるあなたと考え方をすり合わせて、組織を一枚岩にしたい」「（可能性を引き出して）リーダーとして組織の成果を最大化して欲しい」という思いを持っているはずです。**

組織成果の最大化というリーダーの大目的を忘れないこと。かと言って、自分1人で成果を出そうと思わないこと。

あなたにない知見を持っている人は組織にたくさんいます。そして、どれも成果が出ている考え方なので、全部が正解です。選り好みせず、先入観で判断せずに、他の人が出した正解をどんどん取り入れたり、試したりすればいいのです。

そうやって、打ち手の選択肢や考え方の幅を広げておくことは、今後のマネジメントに必ず活きてくるはずです。

ポイント　**上司の力も借りながら自分の知見や打ち手の選択肢を広げる**

41

期待されている役割を全うする

リーダーという「ポジション」においてとても大事なことは、**組織の中で期待されている「役割」を全うすること**です。

そしてその役割は、いろいろなシチュエーションによって変わります。

例えば、自組織における役割、同じ部署や他部署のリーダー間における役割、社外コミュニケーション時における役割などです。

また、組織階層が1つ上がるだけで、社内外でのやり取りにおいて、役割を考えなければならないシチュエーションは大きく増えます。

このとき、メンバーに個性を活かした役割を与えるのと同時に、**リーダーも1つ上の視座で、「自らに期待されている役割」と「活かすべき個性」を理解しておく**必要があります。

私が今いる会社では、「COLOR YOUR ROLE ～あなたらしさを、彩ろう～」

というミッションを掲げています。これは、「『1人ひとりが自分らしく働ける環境』『誰もが自分らしさを楽しめる環境』を作りたい」、という想いを形にした言葉です。

組織に属している人間である以上、何かしらの「役割（ロール）」を与えられています。

ただし、「自分らしく働ける環境を作る」とはいえ、「与えられた役割の中で」という範囲があります。つまり、自分自身に与えられた役割を自分らしく全うして欲しい。それを楽しんで欲しいという想いを「ＣＯＬＯＲ」と「ＲＯＬＥ」という単語に込めています。

リーダーが集まる会議の場を想像してみてください。

例えば、自分の意見を強く言う人が多い場合、「冷静に会話を聞いて構造化する役割」を担う、もしくは、「自分の意見を押し通そうとしているリーダーを制する役割」を担うなど、ポジション間でのバランスを取ることが求められます。

また、自組織においても、若手が多いのか、ベテランが多いのか、ハイパフォーマーが多いのかによって、メンバーから期待される役割も異なります。

その都度、**シチュエーションを見極めたうえで、自分の個性や強みを理解し、自分の能力を最大限発揮できる役割を担うのが得策**です。

リーダーシップを取りたいと思って、向いていないのに引っ張ろうとしても逆効果。**自**

分の能力が活きる場所を探し、その役割に徹することが求められます。

以前在籍した会社の営業部では、私を含め3人のマネジャーがいましたが、部長から「それぞれが『心・技・体』の役割を担っている」と言われていました。

誰がどれなのかは最後までわからなかったのですが、個性や持っている能力が異なる3人が、お互いの役割を理解しながら組織運営に携わっていました。

例えば、法人営業歴が一番長い私が営業に対する考え方の研修をやったり、リサーチャー（調査分析担当）経験の長いマネジャーがリサーチの研修をやったり、マーケティングに造詣の深いマネジャーがマーケティング研修をやったり。こうすることで、メンバーも、1人ひとりのマネジャーの能力や組織における役割を理解するようになっていました。

そうすると、「法人営業については木下さんに聞こう」など、隣のグループのメンバーが相談に来るようになったり、自分のグループのメンバーが他のマネジャーに相談へ行くようになったり。そうやって、組織全体の知見が広がる化学反応が起こっていました。

このように、**組織内のいろいろなシチュエーションで自分が期待されている役割をきちんと理解し、その役割を全うしましょう。**

そうすることで、それぞれの役割に対する周囲の社員との共通認識が生まれ、大きな組織においても化学反応を起こすことができます。

メンバー同様、リーダーも自分の個性を活かし、能力を最大限発揮することが組織成果の最大化につながります。

そのためにも、自分自身の個性が何なのか、何が得意なのか、どの能力を活かすことが最もパフォーマンスが上がるのかを、理解しておくことが必要になるのです。

ポイント

場面ごとに求められている役割を理解し、それに沿った行動をとる

42

経営視点を持って小集団活動を

リーダー、とくに管理職になると、査定や評価など、ある程度の権限を持ちます。そして、会社の未来を担う立場になります。

つまり、自分の組織さえ良ければという考え方ではなく、**会社全体としてどうするべきか、経営の方向性に対して自組織がどのような成果を出す必要があるかなど、常に会社全体の視点を持っていなければなりません。**

しかし、「自分の組織」に手一杯になり、会社全体としての目線を失いがちなマネジャーが多いのも事実です。

本来であれば全体最適で考えなければならないのに部分最適になってしまい、短期ではうまくいっても、後々ひずみを生んでしまうことがあります。

例えば、営業組織であれば、短期の売上達成だけを目的にして単価を下げた結果、利益が出ない構図になってしまう。あるいは、受注が欲しいが故に力技で組んだオペレーションが、負債になって業務フローやシステムなどの改善が進みづらくなる、などが考えられます。

また、組織間の連携を取るときに、自分たちの組織を優先した意見が他組織から考えたら非効率だったというようなこともありえます。

会社全体を見渡してみると、こういったことが起きているケースは少なくないはずです。ただしそれは、誰が悪いというわけではありません。なぜなら、みんな自分のミッションを果たすのに必死になった結果だからです。

ただ、**視点が自分の組織に向きすぎなだけ**。みんな自分の組織を守ろうと必死になっているだけなのです。

しかし、**見るべきは「会社全体の成果」です**。

自分の組織が、組織の存在意義を確認することで方向性を保てていたとしても、他の組織を含めた会社全体がうまくいっていないケースや、そのような状況にどこか違和感を覚えることもあると思います。

その状況でリーダーが取る行動の選択肢はいくつかあります。

他の組織は関係ないと決め込み自組織の運営に集中する、上司に違和感を伝えて改善依頼を出すなど、あくまで自分のミッションに邁進するという選択肢もその1つです。

しかし一方で、リーダーという立場から、具体的な解決策まで含めて提案するという選択肢のほうが、会社の未来を担う立場としては望ましい行動です。ただ、1人でできることには限界があるので、複数のリーダーを巻き込んだ**「小集団活動」**が有効です。


経営の立場から言えば、全体最適の中でやれることは必死でやっているつもりです。社員を不幸にしたいなんて1ミリも思っていないし、成果を出すためにはどうしたらいいのか、どうやったらみんながごきげんに仕事ができるのかを、常に必死に模索しています。

ただ、現場が感じていることがすべて見えるわけではないし、現場からの報告と現場で起こっていることがズレているケースもある。そのときに、**リーダーが現場感を踏まえたうえで提言してくれることはとてもありがたい**ものです。


以前、私を含めた有志のリーダーが勝手に集まって役員に「今後の組織施策」についての提案をしたり、経営幹部候補研修で「今後の会社の方向性」についてチームで考え、経営陣に提案したりする機会をいただいたことがあります。

もちろん、経営の視座からすると、物足りないと感じることやピンと来るものではないこともあります。事実、私自身も経営陣にとって納得度の高い提案はできませんでした。

ただし、**最前線で戦っているリーダーとして、会社の行く末を想い、「もっとこうしたらいいのではないか？」と考えたことはとても貴重な経験**でした。

そして、それがあったからこそ、役員から目をかけていただいたり、新たな機会を提供していただいたりしました。


自組織や目の前の現場だけに留まらず、経営視点を持ったうえで、自分に何ができるのかを考えて行動すること、そして周りの仲間たちと一緒に何ができるかを考えることが、会社にとっても自分にとってもプラスに働くのです。

ポイント

会社の未来を担う立場としてリーダー同士で積極的に意見を交わす

43

オフの場での非公式なコミュニケーションが大事

今まで話をしてきた組織内や組織間でのコミュニケーション、小集団活動が「フォーマル（公式）なコミュニケーション」だとすれば、もう1つ大事なのは、**「インフォーマル（非公式）なコミュニケーション」**です。つまり、会議などのオンの場ではなく、仕事外などのオフの場でのコミュニケーションがどの程度できているかという観点です。

前時代的な考え方かもしれませんが、飲みニケーションと呼ばれるものは、インフォーマルなコミュニケーションの機会としてとても有効だと思っています。また、昔は「タバコ部屋（喫煙所）で、いろいろ決まる」などと言われている時代もありました。ただ最近は、風潮的にあまり推奨されないやり方になってきました。

しかし、仕事終わりに他のリーダーと飲みに行って、会社に対しての意見や現在の悩みや弱音を吐く中で、「俺もそうなんだよ」という共感が生まれたり、「もっとこうしたほうがいい」「そんなこと言ってないでがんばれよ」などの叱咤激励があったり、さらには「会社をもっとこうしていきたい」「こういう想いで仕事をしたい」などの熱い想いをぶつけ合ってみたり。

同じリーダーという役割を担い、所属している企業（会社）の目的を達成するために一緒にがんばっている仲間だからこそ、ぶつかり合ったり、励まし合ったりする場はとても有意義な時間になります。

仕事上での絡みがあまりなかったとしても、オフの場で他の組織のリーダーなどと接点を持つことで、自分自身の知見を広げることができます。また、何かあったときに相談しやすく、助け合える関係性としても活きてきます。

会議室という場で議論していても何も生まれなかったのに、場所を変えただけで雰囲気も変わり、一気に議論が進み新しいことが生まれることもあります。そして、その場で初めて見える側面もあったりします。

「普段は真面目で寡黙だと思っていたけど、そんなに熱いことを思っていたのか」「最近元気がないと思っていたら悩みを抱えていたのか」など、**オフの場は「使い方次第」で大きく効果が変わります。**

「使い方次第」と言ったのは、ただただ愚痴だけを言い合って感情をぶつけ合うだけなら逆効果ですし、ただ単にくだらない話だけで盛り上がる「飲み会」になってしまうと、時間がもったいないということです。もちろん、仕事の話だけではおもしろくないかもしれませんが、バランスがとても大事になります。

以前の会社の同僚とは、しょっちゅう飲みに行っては会社の未来やお互いの悩みについて語っていましたし、3人のマネジャーとは、組織について語り合っていました。

現在の会社でも、経営陣とよく飲みに行き、経営に対する考え方や会社の未来についての考え方や事業の進め方について話しています。バックグラウンドの違いからくる意見の相違はもちろんありますし、ヒートアップして言い合いになるケースもあるのですが、毎回毎回とても刺激的な時間です。

リーダーという役割を任されている人に、「適当に仕事をしよう」という人は基本的にいないはずです。

なぜなら、自らで考え、仕事の中で試行錯誤を繰り返し、成果を出してきた人たちだからです。中には、うまくいかないことで諦めてしまっている人もいるかもしれませんが、根っこには仕事に対する想いのある人がほとんどです。

そして、**オンの場では「役割」という仮面を被り、リーダーという役職を演じている人も多い**はず。私もそうです。普段の自分と場面場面でのキャラクターは使い分けていますし、仕事においては基本的にみんなが多重人格者のはずです。

だからこそ、**オフの場で「素の自分」をさらけ出してみる、他の仲間たちの「素の部分」に触れてみる。**そうやってコミュニケーションを取ることで、一気に人間味の溢れた職場になりますし、そういうリーダーたちが集まっている組織はとても強い。

オンラインコミュニケーションが増え、偶発的な会話が減った今だからこそ、オフの場でのインフォーマルなコミュニケーションを敢えて取り入れてみて欲しいのです。

ポイント

建前ではなく、本気で意見を言い合える場を作る

第7章

リーダーが成長するために

44

リーダーの力量が組織の限界を決める

本書で繰り返し述べてきた通り、リーダーやマネジャーという組織を預かる立場（組織長）の人間にとっての使命は、**「組織の成果を最大化させること」**です。そのために、メンバーの個性を活かし、新たな可能性を引き出すことで組織の戦闘能力を高めることが求められます。しかし、どうがんばっても**自分の能力以上のものは引き出せませんし、教えることはできません。**

「組織の限界は組織長の力量の限界」と言われるのはそのためです。

もちろん、すべての能力においてメンバーよりも優れていなければならないなんてことはありませんし、自分にはない能力を持っているメンバーや、自分よりも高い能力を持っているメンバーもたくさんいます。

しかし、組織の戦闘能力を最大化するためには、組織長であるリーダーやマネジャー自身が、戦闘能力を磨き続ける必要があります。そのためには、向上心を忘れず、率先して学び、成長し続けること。そうやって自分自身の器を大きくしていくことが求められます。

年功序列が当たり前ではなくなった今、未来永劫約束されたポジションはありません。リーダーやマネジャーになったからといって安心することはできないのです。

それなのに、勘違いしてお山の大将になってしまったり、ポジションを得たことに満足してしまったりして、成長が止まる人も大勢います。

また、南カリフォルニア大学の教育学者・ローレンス・J・ピーターが提唱した「ピーターの法則」で**「ある仕事で成果を上げた人物が、その仕事を評価されて昇進しても、その地位において有能とは限らないため、やがて無能な上司になる」**と言われているように、自分の能力の限界に気づいて諦めてしまう人もいます。

人は満足や安心をすると、どうしても「成長しよう」「もっと良くなろう」という意識や意欲が薄れてしまうもの。そんなときに**人を突き動かすのは、「危機感」**です。

私も過去に大きく変わることができたのは、本当にやばいと危機感を持ったときでした。

リーダーになって初めての360度サーベイのときもそうですし、営業としてクビ宣告を受けたときも、**「本気で変わらなきゃ、本気で成長しなきゃまずい」と心から危機感を覚**

えたことで、大きく変わることができました。

とはいえ、「危機感」を得るために、うまくいかないことを目指すわけにはいきませんし、当然ですが、うまくいくに越したことはありません。だからこそ、**自身の能力を引き上げ続けるための「健全な危機感」を持ち続ける**のです。

では、リーダーが危機感を持ち続けるためにはどうしたらいいのでしょうか？

それは、**「メンバーに突き上げてもらう」**ことです。

リクルートのときの上司に、「後輩は先輩を突き上げるのが仕事。そうやって、先輩が後輩に抜かれないように逃げることで、組織力が上がっていく」と言われたことがあります。

リーダーにとって、メンバーが自分よりも優秀になるのは脅威に感じられるかもしれません。しかし、**「出藍《しゅつらん》の誉《ほま》れ（弟子がその能力や技術において、師匠を超えること）」という言葉があるように、リーダーが自分よりも優秀なメンバーを育てる。**そして、メンバーに負けないように自分も努力する。そうやって、リーダーとメンバーがお互いに高め合い、お互いが高まろうとすることが、組織の戦闘能力を高めていきます。

だからこそ私は、メンバーに**「自分を追い越そうと突き上げて欲しい。そして私は、負けないように全力で成長することで、みんなから逃げるから」**と伝えています。

その結果、自分よりも優秀なメンバーが出てきて、抜かしてくれたら本望ですし、「負けたくない」という健全な危機感は、自身を高めてくれます。

メンバーに突き上げてもらうためにも、自分が持っている能力や考え方はメンバーに惜しみなく伝えてください。

組織の戦闘能力を高めるためにも、自分自身の能力を磨き続けましょう。

リーダーが成長し続けようとしている姿勢は、メンバーにも必ず伝わるはずです。

ポイント

メンバーとの競争によって健全な危機感を持ち、自分の成長を促す

45 リーダーにとってのアンラーニング

リーダーの成長にとって大きな足かせとなるのが、**「過去の栄光」**です。

ここまでやってきたことが評価されたからこそ、リーダーやマネジャーという立場・ポジションをいただいているわけです。しかし、その評価が大きな足かせになってしまうことがあります。

時代や市場環境が変わっているのに、過去の自分がうまくいった方法に固執してしまいやり方を変えられなければ、成長はありえません。

住宅・不動産業界でも、今伸びている組織は、**やり方を「アップデート」**できています。

反対に、昔うまくいった方法から抜け出せずに、時代の変化に追いつけず苦しんでいる組織もあります。総じて、若い管理職（店長や所長）の店舗は、柔軟にやり方を変えられている一方で、やり方を変えられていない店舗はベテラン管理職が多い印象です。

もちろん、過去に成果を出していたことを否定するつもりはありません。その当時の時代背景や市場環境においては、そのやり方が正解だったのです。

しかし、**さまざまな要因で市場環境がめまぐるしく変わる現代において、「変われない」ことは死を意味します。**

直近業績が厳しい店舗の管理職に話を聞きに行ったときに、「やり方は変えていないんだけど、なんでなんだろう？」と相談されたことがあります。

彼にとっては、自分の中の成功法則に基づいて、一生懸命やっているのです。変えたくないとか変わりたくないとかではなく、その方法が正しいと信じているだけで、悪気があるわけではありません。

ただ、時代に追いつけていないということが大きな問題。

例えば、「とにかく架電して客を捕まえろ！」と言って、朝から晩まで架電を続けさせていたり、「最後は金額だから値引きすれば決まる！」と言って、必要以上に利益を削ってしまっていたり。

しかし、架電数を追いかけても、電話がつながれば売れる時代ではありませんし、モノが充足している現代において、安いからといって買う消費者は少なくなっています。

組織の成果を最大化し続けるためには、過去の成功体験に固執するのではなく、時代の変化に合わせてやり方を変えていく必要があります。さらには、不要な**「過去の栄光」を捨て去る**ことが求められます。

「昔はこうだった」「俺が若いときはこうやっていた」というのは、正直どうでもいい。酒のツマミになる昔話として使えればそれで十分です。

大切なのは、成果を出すために、「今」どうすればいいのか、「今」何をすべきなのか、です。

そこで重要なのが、**「アンラーニング」**です。北海道大学松尾睦教授の著書『仕事のアンラーニング―働き方を学びほぐす―』（同文館出版）では、**「アンラーニング＝個人が、自身の知識やスキルを意図的に棄却しながら、新しい知識・スキルを取り入れるプロセス」**と定義されています。

つまり、蓄積してきた知識やスキルの中から、有効期限の切れたものを断捨離しながら、今の時代に必要な新しいものを身につけるプロセスです。

ここ数年で、世の中の考え方は大きく変わりました。コロナによってオンラインミーティングやテレワークの活用が一気に進んだり、自粛生活によって時間の使い方が変わったり。これからも、ＡＩなどのテクノロジーの進化によって、人々の考え方や生活様式が変わっていくことは簡単に想像できます。

だからこそ、過去の成功に慢心せずに、常にその時代における成果を出すための最適解を探すことが必要です。

そのためには、**リーダーやマネジャー自らが学び続ける**ことです。アンテナを常に広く張り、今何が求められているのかを常に見極めなければなりません。

そのうえで、**新たな知識やスキルを探索して取り入れる。さらに、すでに持っている知識やスキルをもっと深く掘り下げて進化させる。**この両輪を回すことが、どの時代でも生き残ることができる個人と組織を作りあげていくのです。

ポイント

時代の変化に柔軟に対応するために日々のアップデートを怠らない

46

外部のリーダーから学ぶ

リーダーの成長にとっても、日々の仕事での経験が最も大きな糧になります。

日々起こることに対してどう対応するのか？　求められる成果をどのように出していくのか？　日々の仕事は、目の前で起こる事象や目の前のメンバーに向き合い、問題や課題を解決するための方法を考え抜いて手を打っていくことの繰り返しです。

そしてリーダーは、日々たくさんの意思決定を求められます。

その中には、うまくいくことも、うまくいかないこともある。その1つ1つの結果と向き合い、深く内省することで、経験から学びを得ることができます。これを重ねることにより、できることや対応できる内容が増え、成功確率が上がっていくのです。

さらには、本書で何度も述べてきたように、1人で抱え込まず、他のリーダーや上司の知見を活かし、組織知を最大化すること。自分1人で考えられることには限界があるからこそ、意思決定の成功確率を上げるためには、社内の知見をフル活用しなければなりません。

一方で、**社内でのコミュニケーション「だけ」に留まってしまうのは良くありません。**なぜなら、社内には価値観や考え方が似ている人が、多くいるからです。

もちろん、1人ひとりに個性があり、同じものを見ても捉え方は異なります。

ただ、入社する際の採用基準があるが故に、極端に違う考えの人は多くはいません。しかも、会社として大事にすべきことは脈々と受け継がれていますし、会社が目指す姿を実現するために組織があるという特性上、どの組織もある程度同じ方向を向いています。

だからこそ、**その方向が正しいときはそれでいいのですが、微妙にズレたときが怖い。**

太平洋戦争のときの日本軍大本営も、最初から間違った方向に進んでいたわけではなかったはずです。でも、途中からおかしな方向に進んでいることを修正できず、ズレた方向にみんなで突き進んでしまったのです。

日本軍の話は極端な例ですが、会社が向かっている方向をまったく疑いもせずに、それが正しい前提で社内のコミュニケーションが進んでしまうと、間違うケースがあるということです。

そのときに重要なのが、**外部の知見を「刺激として」取り入れる**ことです。
例えば、カンファレンスなどの集まりに参加する、知り合いを通じて交友関係を広げる、クライアントやお客様のリーダーや経営層の考え方に触れるなど、方法はさまざまです。

私が転職をしてきて良かったと思うのは、そこです。

業界や規模、歴史の異なる会社に所属してきたからこそ、考え方や受け継がれてきたＤＮＡの異なる人たちと触れ、その都度自分を見つめ直して考えることができました。これが貴重な経験だったと感じます。

私が今まで在籍した会社は、それぞれ創業約60年、創業約20年、創業5年とかなりの違いがあります。「創業時に悩むポイント」と「年数を重ねてから悩むポイント」は、共通項もありますが、異なることも多い。そして、**それぞれの環境下において、経営陣や組織を支えているリーダーが感じていることもさまざま**でした。

私は今、定期的にいろんな外部の人に会うようにしています。**自分が悩んでいることや迷っていることを他の会社ではどう考えるのか、どんな意思決定をしているのかを聞き、**

自分自身の意思決定や打ち手のアイデアの刺激にさせてもらっています。

話を聞くことで、「まだまだ足りないなぁ」と現実を突きつけられ、焦ることもありますし、「そこで悩んでいるのは健全なのか」と安心することもあります。

さらには、「やっぱり、こっちの方向で合っているよね」と自信や勇気をもらうこともあります。

忙しい日常の中で、なんとか成果を出そうとしゃにむにがんばっていると、どうしても視野が狭くなったり、惰性や慣性での意思決定をしてしまったりすることもあります。そうなると、組織の進化も成果の最大化も実現することができません。

自分の視野を広げ、打ち手や意思決定のバリエーションを増やすためにも、積極的に外部のリーダーやマネジャーと情報交換や意見交換をすることは、リーダーの成長にとって重要なアクションになるのです。

ポイント　客観的な視点から「アイデア」や「やり方」を取り入れる

47

休むのも仕事。率先して休暇は取る

リーダーやマネジャーという仕事は、会社全体・上司・自分・メンバーなど、気を配る方向が多岐に渡ります。また、上から下から仕事が集まってくるので、放っておいたら仕事量は勝手に増えていきます。

とある会社では、メンバーに休日出勤をさせられないという理由で、リーダーが休みの日でも常にメールを見なければならないそうです。年中無休でお客様が動いているBtoCの世界では割と多いのかもしれません。

しかし、当たり前ですがリーダーも人です。疲労が蓄積していけば、意思決定も鈍くなります。

だからこそ、**いい仕事、いい意思決定をするためには、リーダーがきちんと「休む」ことが大事になってくるのです。**

リーダーにとって、どうしても気になるのは「自分が休んだら仕事が回るかな？」「メンバーが不安にならないかな？」「誰かに迷惑をかけないかな？」というもの。

しかし、（残念なことに？）**リーダーが思っているほど、休んでも変わりません。**

「休む！」と決めて休んでしまうと、意外とメンバーが自立して考えてくれたり、自分がやっている仕事をフォローしてくれたりします。普段から忙しく働いていることを見てくれているからなのか、「ゆっくり休んできてください！」とカバーしてくれるメンバーが多いことに気がつきます。

また、リーダーが休まなければいけないのは、いい仕事やいい意思決定のためだけではありません。

メンバーのためにも、今後の会社のためにも休まなければなりません。

なぜなら、リーダーが休めていない、忙しそうに働いているのを見て、メンバーは「リーダーになると休めない」「自分にはできない」という印象を持ってしまうからです。

それでは、組織の担い手が増えませんし、中長期の未来において大きなマイナスです。

とくに、ワークライフバランスを求める若手からすると、**プライベートを犠牲にしてが**

んばっているリーダーに憧れは抱きません。

昔は、とにかく働いて昇進すれば給料が上がる。給料を上げるための手段として出世がありましたが、今は転職が当たり前の世界。パフォーマンスを上げているメンバーには、魅力的なオファーが届いているはずです。

以前、年末年始にうまく休めば大型連休を取れる年の10月に、「早めに売上目標を達成して、16連休だ！」と目標を掲げました。

売上目標はギリギリ達成できる見立てができていたので、年明け以降の仕掛けを早く終わらせる意味でも、そういう目標を掲げたのですが、「絶対にみんな休もうとしないだろうな」と感じていました。

なので、10月の時点で思い切って、私自身が年末年始に1週間の海外旅行の予定を入れてみたのです。それによって自分も必死になりますし、メンバーも「えっ、木下さん本当に16連休するの？」と言って自身の予定を入れ始めたり、逆算して計画を立てるメンバーが出てきたのです。

結果、売上目標は達成。全員ではなかったですが、多くのメンバーがゆっくりと年末年始の休みを過ごせたという出来事がありました。

よく考えると、休み方は、誰にも教わったことがありませんよね。

結果として、休みを取るのが上手な人と下手な人がいます。**上手な人は、きっちり休む分、きちんと仕事は終わらせていますが、下手な人は仕事も終わっていないのに自分の予定を優先して休んだ結果、休みに会社から連絡が来たりします。**

もちろん休みは権利ですし、拒否ができないものですが、「おいおい」「もうちょっと考えようよ……」と思う瞬間はあります。

だからこそ、**休みの取り方を教えることが大事。**

周りのことを考えないとうまく休めないことや、休みと仕事の切り替え方、休み中の仕事の残し方・依頼の仕方など、「上手な休み方」を教えるためには、まずはリーダーが率先して上手に休むことが必要なのです。

ポイント　しっかり仕事をするために、しっかり上手に休みをとる

48

マネジャーの中で常に一番でありたいと思う

私がマネジャーになってから、ずっと意識していることがあります。それは、「マネジャーの中で一番であること」です。

もちろん、一番の定義が難しい部分もありますが、「木下さんの部署に行きたい」「木下さんの下で働きたい」と、他の部署のメンバーが自分のメンバーが言ってくれる、そんなマネジャーでありたいと思っています。

きっかけはリクルート在籍当時、リクルートホールディングスの社長だった峰岸さん（現会長）とお食事をさせていただいたときの一言です。峰岸さんを囲む会に1人だけマネジャー職の方（Aさん）がいたのですが、そのAさんと峰岸さんの会話の中で出てきました。

峰岸さんがふと、「あなたは、マネジャーの中で一番なの?」とAさんに聞くと、Aさんは「一番じゃないと思います」と答えたのですが、そこに対する峰岸さんの返答が私にとって衝撃でした。

「自分の上司が一番じゃないってメンバーがかわいそうじゃない？」

「メンバーは上司を選べないんだよ？」

「プレイヤーでは一番になりたがるのに、マネジャーになるとなんで目指さなくなるの？」

その食事会は、全社表彰のお祝いの席だったのですが、それまでのお祝いムードが一気に変わったのを覚えています。ただ、本当に峰岸さんの仰る通りです。

リーダーやマネジャーには、ある程度、メンバーの受け入れと放出についての発言権がありますし、人員構成についても意思決定はできなくとも上申できるケースが多いはず。つまり、上司はメンバーをある程度選ぶことができるのです。

しかし、**メンバーは上司を選べない。**基本的には、発令された人事を受けるしかありません。

その状況下において、メンバーから見たときに**「上司ガチャ」**に外れた、という状態を作ってはならないということです。

ここまで本書で述べてきた通り、メンバーの成長スピードや成長角度は、リーダーの働きかけと導き方次第で大きく変わります。そして、それは会社の業績だけではなく、メンバーの将来に対して大きな影響を与えます。

理想は、「リーダーの中で常に一番でありたい」と会社にいるリーダー全員が思っている状態です。そして、冒頭の「一番って何?」という問いに対しては、「何でもいい」というのが答えです。

リーダーにも個性があり、強みと弱みがあります。何度も言いますが、すべての能力が高いリーダーはいません。**大事なのは、自分の個性を理解したうえで、「どこで一番になるのか」を考えること**です。

私の場合は、「一緒に働くことで営業として成長できるマネジャー」として一番でありたいという思いを持って、ここまでやってきました。そのために、経験量や思考量、勉強量は誰にも負けないと思ってやってきましたし、もちろん実績にもこだわってきました。営業という正解のない仕事をメンバーに「楽しい」「おもしろい」と思ってもらうためには、経験から得た学びを魅力的に余すことなく伝えることが重要だと考えたからです。

もちろん苦手なこともたくさんありますし、それで失敗してきたこともたくさんあります。ただ、そこから気づいたことは、自分に足りないところは他の部署のリーダーの力を借りてもいいし、メンバーに助けてもらってもいいということです。全部自分でできる必要はないと割り切っていいということに気づいたのです。

今は転職が容易にできる時代です。そして、どこも人材不足。リーダーが気づかないうちに、メンバーにとって魅力的なオファーが届いているかもしれません。そのときに**メンバーと会社をつなぎ止めるのは、会社の風土や仕事内容よりも、「人」**です。

だからこそ、**「あなた（リーダー）がいるから、ここで働き続けたい」という状態を作っておくこと、「あなた（メンバー）の成長のためには、自分が一番だ」と自信を持てる状態を作ること**。そのためにも、リーダーは自己研鑽を続けなければならないのです。

ポイント

向上心を持ち続け、メンバーにとって魅力的なリーダーでい続ける

49

メンバーを守るためにリーダーが強くならなければならない

ビジネスの世界にいる以上、制約条件はつきものです。与えられた条件の中で、どうやって戦うのか、どうやって勝っていくのかを考えなければなりません。

全部自由に進められるわけではないし、すべての人にとって都合のいい意思決定なんてありません。どうしても納得がいかないことや、納得のいかない人は出てきます。

ときには悔しい想いや、もどかしい想いをすることもありますが、清濁併せ呑んだ意思決定が求められますし、メンバーに我慢してもらわなければならないこともあります。

そのときに大事なのは、メンバーにきちんと説明すること。**メンバーは、「よくわからないこと」を一番嫌がります**。だからこそ、リーダーが会社の向かう方向性や方針をきちんと理解し、ごまかさずに、逃げずに、メンバーにきちんと伝えることです。

場合によっては、「すまん！　今は耐えてくれ！」と頭を下げることも必要です。ただし、「ここまでいけばもっと良くなる」とか、「どういう状態になったら変わるのか」「いつになったらこの状況が解消するのか」を丁寧に説明することをセットにします。

説明を端折ったり、コミュニケーションを怠ったりすると、メンバーの不満だけが溜まっていきます。それに気づかずに放っておいて、爆発してしまってからでは手遅れになります。

そうならないためにも、ガス抜きは大事です。思っていることや感じていることはきちんと拾っておくこと。ときには、他の部署のリーダーやマネジャーにお願いして、斜めのコミュニケーションでメンバーの話を聞いてもらうこと。現場の最前線で戦ってくれているメンバーの生の声は有用です。

ただ、「わがまま」と「意見」は混同してはいけません。

メンバーが自分だけに都合のいいことを言っていないか、個別最適な主張になっていないかと注意を払うことが必要です。

もっと注意が必要なのは、リーダーがメンバーと一緒に不満を言っていないかということ。**メンバーと一緒になって会社を悪く言っているようでは、未来の経営者候補としては失格**です。

会社から与えられるプレッシャーは全部自分のところで受け止める。メンバーに直接いかないようにする。メンバーの防御壁になることで組織のコンディションが保たれ、メンバーが全力で走ることができるのであれば、そういう役回りも引き受けなければなりません。なぜならそれが、メンバーよりも大きい権限を与えられている理由だからです。

そして、本当に会社や組織の方向性が間違っていると感じるなら、リーダーの立場でそれを主張して修正できるように動けばいい。でも、そうできないのであれば、そこまでの影響力を「まだ」持っていないということです。

悔しい想いをしないためにも、メンバーを守るためにも、組織の中で力をつけないとダメなのです。

しかし私自身は、リクルートから転職するまでそんなことを思ったことはありませんでした。冒頭で話した通り、マネジャーになりたくなかったぐらいです。

ただ、転職して、「もっとこうすれば良くなるんじゃないか」とか、「もっとこうなったらいいのに」と感じるようになってから、「もっと影響力をつけないと」と思うようになりました。そこで初めて「出世欲」のようなものが出てきました。
会社を良くするためにも、メンバーを守るためにも、やっぱり自分自身がレベルアップしなければならない。そうやって自分のポジションが上がったり、後任を作って異動することによって新たなポジションができれば、メンバーにチャレンジの機会を提供することができる。会社のためにも、メンバーのためにも、上を目指すことは価値があることだというように認識が変わりました。

「自分は出世には興味がない」「これ以上権限を持たなくていい」などと、**マネジャーが言っていると、組織に蓋をすることにつながりますし、メンバーの機会を奪うことにもなってしまいます。**そうではなく、リーダー1人ひとりが上を目指しながらレベルアップし、お互いに切磋琢磨し合えば、必然的に会社全体の組織の戦闘能力も上がります。会社が強くなるためには、リーダーが強くならなければならない。そのことを強く認識しておくことが必要なのです。

ポイント

リーダーがより上のポジションを目指すことでチームは強くなる

50

結局、リーダーやマネジャーだって
ただの『人』

ここまでいろんなことを書いてきましたが、あくまで私自身がたくさん失敗してきた中で感じている1つの意見であって、絶対の正解ではありませんし、自分で書いていて耳が痛い話ばかりです。

ただ、気づけば社会人人生の半分以上をリーダーやマネジャーという役割を担わせていただいた中でいろんな人から言われたこと、本を読んだり試したりして都度感じてきたこと、「きっとこういうことなんだろうな」ということをまとめました。

そもそも、マネジメントに正解なんてありません。なぜなら、人と人のコミュニケーションに正解なんてないからです。正解がどうかなんて関係ない。目の前の仕事や目の前のメンバーに向き合って、自分に何ができるのか、自分に何が求められているのか、それを考え続ける。ただそれだけです。

でも、大前提として忘れてはいけないのは、**「リーダーやマネジャーも『人』」だという**

こと。そして、**「人はそんなに強くない」ということ**です。弱音を吐きたいときだって、逃げたくなるときだってある。でも、そんなものだと思います。

人間誰しも、弱い部分はあります。弱いところは、弱いでいいのです。

メンバーの個性を見極めて、その個性を活かして組織運営をするのと同様、**リーダーやマネジャーも自分の強みを活かすことが大事であって、弱みや苦手なことは、それが得意なメンバーに頼ればいい**のです。

リーダーになったからといって弱いところが急に強くなることもありませんし、変に強がってリーダーの心が壊れたら、元も子もありません。

前項で「リーダーは上を目指したほうがいい」と述べましたが、上にあがればあがるほど、もっとしんどい。自分個人としての感情や人格を消していくことになりますし、「自分はこうしたい」なんて自分が主語の言葉は、どんどん通用しなくなっていきます。

なぜなら、ビジネスは市場での生存競争だからです。「どうやったら会社が勝ち続けられるのか」「社員をどうやって守るのか」など、常に会社や事業が主語になります。

経験を通して、少しずつ強くなっていけばいいのです。

経験を積めば積むほど、いろんなことを冷静に捉えられるようになったり、迷わずに意思決定できるようになったりと、できることが増えていきます。私自身、マネジャー→営業部長→執行役員とポジションが変わる中で、だいぶ強くなったと感じますし、だいぶ大人になったなと思います（もちろん、まだまだですが）。

しんどいことも多い、嫌なこともたくさんある、見たくないものも見なきゃいけない。ここまで本当に苦しいことばかりでした。何度も逃げようと思いました。でも、それを補って余りあるぐらい、おもしろい仕事だと感じています。リーダーという役割をやらせてもらって本当に良かったと心から思いますし、もっと成長したいと思います。

メンバーの個性を活かして、強いチームを作る。メンバーのみんなと一緒になって、自分1人の力以上のパフォーマンスを出すことができる。ときには、1人ひとりの個性の化学反応で奇跡が起きたりもする。これらには、チームスポーツと似たおもしろさを感じます。

「ビジネスというのは、投入したリソースで何倍の利益を生み出せるかというゲーム」だと誰かが言っていました。

たしかに、同じ人数の時間を投下して10のパフォーマンスを出せる人もいれば、1しか出せない人もいます。インプットは同じなのにアウトプットが違う。おもしろくて、奥が深くて、とても難しいゲームの世界に我々はいるのです。

これからも市場環境が変化し続けるのは間違いありません。10年後には、今では考えられない世界になっているでしょう。ただ、どこまで行っても人の力が不要な世界はきませんそのときに、1人ひとりの可能性を引き出して、個性を活かしてパフォーマンスを出せる人がいる組織が強いし、そんな組織を作れるリーダーはとっても強い。**企業が勝ち続けていくためのキーマンは、間違いなくリーダーやマネジャー**です。

とはいえ、私もまだまだ道半ばです。ここまで偉そうに書いたことが完璧にできているなんて思っていません。本当に足りないことばかり。でも、本書を読んでくださった方々と一緒に、いい組織を世の中に増やしていきたい。心からそう願っています。

ポイント

悩んだり、苦しむのは当たり前。壁を乗り越えるたびに成長できる

あとがき

本書は、私のマネジャーとしての経験（主に失敗体験）から抽出した学びについて、書いてきました。そしてそこには、学びを抽出するために読み漁ってきた書籍や、上司や先輩たちからかけていただいた言葉、仲間たちと繰り返してきた熱い議論、メンバーとのコミュニケーションやさまざまな施策のトライ&エラーのすべてが詰まっています。

初めてマネジメントの立場について以来、試行錯誤の連続でした。成果をいかに出すのか、与えられたミッションをいかにクリアするのか。先人たちの学びや、彼らがやってきたことを踏襲しつつも今までの当たり前をいい意味で疑い、考え方を常にアップデートしながら、自分にできることをとことん考え、動かしてきました。

何度も壁にぶつかり、悩み、考え抜き、また新しい打ち手を考える。その都度、上司や先輩、仲間たちに背中を押してもらったり、ときには叱ってもらったり。その繰り返しの中で、いろんなことを試しながら、なんとかここまでやってきました。

そして現在、約10年ぶりにマネジメント業務を離れ、今まで自分が得てきた知見（自分の成功体験や失敗体験からの学び）を活用し、市場環境が変わっても勝ち続けられる組織づくりの支援をさせていただくコンサルティング業務に従事しています。

その中で感じるのは、変わることを怖がりチャレンジできない人、失敗したくない・失敗は悪だと捉えている人が多いということです。これは、本書でも述べた内容です。

リーダーという立場にいると、どうしてもプレイヤーのとき以上の責任感が芽生えます。

そして、なんとか価値を発揮しようとすればするほど、空回りしてしまう。役割を果たそうと思いすぎると、メンバーからはポジションを守ろうとしているように見えてしまう。そして、「自分でなんとかしなきゃ」という『余計な』責任感も生まれてしまいがちです。

そのときに忘れてはいけないのは、「役職はただの役割」であり、「肩の力を抜く」こと。会社の目的を達成するために組織があること、メンバーがいるからこそ組織であり、リーダーでいられるということです。

もちろん、誰だって失敗は怖い。失敗するより成功するほうがいいに決まっています。

でも、失敗したときにそこにどう立ち向かうのか。それをどのように学びに変えていくのか。人間の成長はそこにあります。

元プロ野球選手のイチロー氏の名言と言われているものの中で、とても好きなものがあります。彼が日米通算4000本安打を打った会見で語った以下の言葉です。

「別にいい結果を生んできたことを誇れる自分ではない。誇れることがあるとするると、4000のヒットを打つには、僕の数字で言うと、8000回以上は悔しい思いをしてきているんですよね。それと常に、自分なりに向き合ってきたことの事実はあるので、誇れるとしたらそこじゃないかと思いますね」

人並み外れた能力を持っていて、人一倍の努力をしている。にもかかわらず、うまくいかないことがある。むしろうまくいかないことのほうが多い。その状況下において、「なぜうまくいかないのか」「次にうまくいくためにはどうしたらいいのか」を徹底的に考え抜いてきている。ここにイチロー氏のすごさがあるのです。

私も10年近く組織長をやってきたのに、まだまだできないと感じることばかりです。単に、私に学習能力がないということなのかもしれませんが、それだけ難しい仕事を任されているということを自覚することも大事なんじゃないかとも思います。

本書を読んでくださっている皆さんの中には、過去の私と同じように苦しんでいる状況にいる方や、そうなる可能性を孕んでいる方もいらっしゃるかもしれません。もしかすると、今は順調な人も、状況が変わればうまくいかなくなることがあるかもしれません。


これからも、私が経験してきた成功体験や失敗体験から得た学びは、惜しみなく伝えていきたいと考えています。その1つとして、本書の内容が、壁にぶつかり悩んだときの道標や、転ばぬ先の杖になってくれたら、こんなに嬉しいことはありません。


本書が世に出るまでに関わってくださった方はたくさんいらっしゃるのですが、まずは出版に際しまして、ご尽力いただきました、かんき出版の久松さんに御礼を申し上げます。

そして、これまで叱咤激励をくださった上司や先輩たちからの学び、一緒に戦ってきた仲間との経験からの学びがあったからこその本書です。本当にありがとうございます！

一方、自分の力不足で迷惑をかけた私が過去担当してきた組織のメンバーたちへ。もっとうまくやれたら結果が違ったのにと思うことが多々あります。本当にごめんなさい！

最後に、仕事の悩みを親身に聞いてくれて、ときには厳しく、ときには優しく背中を押してくれる、私の最も信頼する相棒である妻への最大級の感謝で本書を締めたいと思います。

いつも本当にありがとう。

それでは、またどこかでお会いしましょう。

2023年某日　出張中の福岡空港のラウンジにて　木下 悠

参考文献

『仕事のアンラーニング』松尾睦 著（同文舘出版）
『部下の強みを引き出す　経験学習リーダーシップ』松尾睦 著（ダイヤモンド社）
『経験からの学習』松尾睦 著（同文舘出版）
『マネジメント　エッセンシャル版』ピーター・F・ドラッカー 著／上田惇生 訳（ダイヤモンド社）
『組織づくりの教科書』眞田茂人 監修（起業家大学出版）
『組織開発の探求　理論に学び、実践に活かす』中原淳 著／中村和彦 著（ダイヤモンド社）
『職場学習論』中原淳 著（東京大学出版会）
『マーケティングとは組織革命である』森岡毅 著（日経ＢＰ）
『人間心理を徹底的に考え抜いた「強い会社」に変わる仕組み』松岡保昌 著（日本実業出版社）
『心理学的経営　個をあるがままに生かす』大沢武志 著（ＰＨＰ研究所）
『経営戦略の論理』伊丹敬之 著（日経ＢＰマーケティング）
『「学習する組織」入門』小田理一郎 著（英治出版）
『ワクワクする職場をつくる。』高橋克徳 著／重光直之 著（実業之日本社）
『企業参謀』大前研一 著（プレジデント社）
『人を動かす』Ｄ・カーネギー 著／山口博 訳（創元社）
『生産性』伊賀泰代 著（ダイヤモンド社）
『マネジャーの最も大切な仕事』テレサ・アマビール 著／スティーブン・クレイマー 著／中竹竜二 監修／樋口武志 訳（英治出版）
『最高のリーダー、マネジャーがいつも考えているたったひとつのこと』マーカス・バッキンガム 著／加賀山卓朗 訳（日経ＢＰマーケティング）
『ビジネススクールでは学べない世界最先端の経営学』入山章栄 著（日経ＢＰ）

【著者紹介】

木下　悠（きのした・ゆう）

◉――2008年同志社大学卒業後、株式会社リクルートに入社。住宅領域にて大手企業を中心とした企画営業に従事。大手不動産会社に対して、単なる広告支援にとどまらない、産学連携による地域活性化をも視野に入れた大型提案の功績を評価され、2014年リクルート全社2万人の中で年間10人だけが受賞する「TOPGUN AWARD」を受賞。

◉――2015年株式会社マクロミルに入社。入社半年でマネジャー（課長職）に任用され、初めてのマネジメントに携わる。新たな営業スタイルを確立し、取引額が伸び悩んでいた大手企業との取引を大幅伸長。営業部長就任以降は、組織戦略の変革を推進し、数々の営業パーソンの育成に寄与。戦略変革を実現した功績により、2018年マクロミルグループ全社世界16カ国から4組が受賞するイノベーション表彰「Macromill RecognitionClub」を受賞。

◉――2021年homie株式会社の執行役員／VPofSalesとして参画。現在は、エバンジェリスト兼シニアコンサルタントとして、今まで培ってきた経験と知見を基に、住宅・不動産企業の営業組織変革の支援に従事している。

◉――著書に『「営業」とは再現性のある科学』（日本実業出版社）がある。

失敗《しっぱい》してわかった。リーダーが絶対《ぜったい》に知《し》っておくべき50のこと

2024年１月５日　　第１刷発行

著　者――木下　悠

発行者――齊藤　龍男

発行所――株式会社かんき出版

東京都千代田区麴町4-1-4 西脇ビル　〒102-0083

電話　営業部：03(3262)8011㈹　編集部：03(3262)8012㈹

FAX　03(3234)4421　　振替　00100-2-62304

https://kanki-pub.co.jp/

印刷所――図書印刷株式会社

　ISBN978-4-7612-7712-3 C0030

マンガでよくわかる1on1大全

世古 詞一（著） 英賀 千尋（作画）

定価：1,870円（税込）
A5判　並製　256頁
ISBN 978-4-7612-7693-5

この一冊で、うまくいく！
10万人を指導してわかった「自立型部下」と「支援型上司」が育つ方法。
『シリコンバレー式最強の育て方』の著者が書いた、今までになかった
上司にも部下にも役に立つ決定版。

目標や夢が達成できる

1年・1カ月・1週間・1日の時間術

吉武 麻子（著）

定価：1,650円（税込）
46判　並製　256頁
ISBN 978-4-7612-7694-2

「達成したいこと」「やりたいこと」を叶えるためには、現実の一歩に落とし込むことが必要です。ビジョンから長期目標へ、長期目標から短期目標へ、短期目標から今日やることへという分解時間術を紹介します。